“十二五”土地整治
科技成果选编

国土资源部土地整治中心　编著

地质出版社
·北　京·

图书在版编目（CIP）数据

“十二五”土地整治科技成果选编 / 国土资源部土地整治中心编著．—北京：地质出版社，2017.10
ISBN 978-7-116-10626-0

Ⅰ．①十… Ⅱ．①国… Ⅲ．①土地整理－科技成果－汇编－中国 Ⅳ．① F321.1

中国版本图书馆 CIP 数据核字 (2017) 第 260667 号

责任编辑：赵　芳
责任校对：王洪强
出版发行：地质出版社
社址邮编：北京海淀区学院路 31 号，100083
电　　话：(010) 66554649（邮购部）；(010）66554613（编辑部）
网　　址：http://www.gph.com.cn
传　　真：(010) 66554607
印　　刷：北京地大彩印有限公司
开　　本：889mm×1194mm 1/16
印　　张：8.75
字　　数：160 千字
版　　次：2017 年 10 月北京第 1 版
印　　次：2017 年 10 月北京第 1 次印刷
定　　价：98.00 元
书　　号：ISBN 978-7-116-10626-0

《“十二五”土地整治科技成果选编》

编 委 会

前　言

党的十八大明确提出“科技创新是提高社会生产力和综合国力的战略支撑，必须摆在国家发展全局的核心位置”，强调要坚持走中国特色自主创新道路，实施创新驱动发展战略。国土资源部党组高度重视科技创新工作，把科技创新作为引领和保障国土资源事业可持续发展的大事来抓，印发了《国土资源“十二五”科学和技术发展规划》，指导和推动了土地科技创新有关工作。

“十二五”期间，国土资源部土地整治中心全面贯彻落实党中央、国务院和国土资源部党组关于加快推进科技创新的决策部署，紧紧围绕耕地保护、耕地质量建设与提升、工矿废弃土地复垦、土地节约集约利用等重大任务，推进土地科技创新与土地整治事业融合发展，组织国内外有关知名专家、学者开展土地工程共性关键技术攻关和科研成果推广应用，科技创新能力持续提高，形成了一批具有自主知识产权的科研成果。完成了《全国土地整治规划（2011—2015 年）》、《全国土地整治规划（2016—2020 年）》、“全国耕地质量等级调查与评定”、“西部生态脆弱区保质生态型土地整理技术应用研究”、“土地整理质量与生态监测关键技术研究”、“暗管改碱工程技术规范与信息管理系统研究”等 30 余项重大课题研究，形成了 4 项国家标准和 15 项行业标准；获得国土资源科学技术奖一等奖 3 项、二等奖 10 项，中国地理信息科技进步奖二等奖 1 项，4 人次进入国土资源部“杰出青年科技人才培养计划”，2 人次进入国土资源部“科技创新领军人才计划”，土地整治研究团队和农用地质量与监控研究团队被评为国土资源部科技创新团队。

为了宣传“十二五”期间优秀土地整治科技成果，我们组织编写了《“十二五”土地整治科技成果选编》，主要涉及土地整治规划、建设用地整治、土地复垦与生态修复、土地整治监测监管、农用地质量调查监测评价、土地整治技术与标准等6个方面，共计26项，其中土地整治规划4项、建设用地整治2项、土地复垦与生态修复6项、土地整治监测监管3项、农用地质量调查监测评价4项、土地整治技术与标准7项。希望本成果选编发挥科研成果共享与信息交流作用，促进科研成果的转化与应用，也为土地科技创新工作提供支撑。

编著者

2017年9月12日

目　录

第一篇　土地整治规划

全国土地开发整理重大工程实施战略研究 …………………………………… 2

市级土地综合整治规划技术方法研究与应用示范 ………………………… 5

市县级土地整治规划方法与实践 ……………………………………………… 9

大都市城市郊野地区土地综合整治研究 …………………………………… 13

第二篇　建设用地整治

城市群土地储备发展研究 ……………………………………………………… 18

基于空间分异理论的城镇土地等别调整技术方法体系研究 ……………… 22

第三篇　土地复垦与生态修复

土地整理质量与生态监测技术 ………………………………………………… 28

煤矿损毁土地复垦与生态重建技术及其应用 ……………………………… 32

土地整理项目的碳排放及其测算技术研究 ………………………………… 37

松嫩平原西部土地整理的时空格局及生态效应研究 ……………………… 42

新疆土地整治项目区暗管改碱规划设计技术研究 ………………………… 47

煤矿复垦农用地跟踪监测评价与技术规范研究 …………………………… 50

第四篇　土地整治监测监管

“互联网 + 土地整治”监管技术取得新突破 ……………………………… 56

"3S"技术在土地整治监测监管中的系统集成与应用 …………………… 63
土地整治重大工程项目动态监测方法与技术研究 …………………… 67

第五篇　农用地质量调查监测评价

全国耕地质量等别调查与评定 …………………… 72
耕地开发监管制度研究 …………………… 78
耕地等级变化野外监测技术集成与应用示范 …………………… 83
全国统一的按等级折算技术与标准研究 …………………… 89

第六篇　土地整治技术与标准

区域土地整治技术集成与示范 …………………… 96
高标准基本农田建设技术体系研究与应用 …………………… 100
土地整理投资标准关键技术研究 …………………… 105
农田基础设施工程集成技术与模式研究 …………………… 108
可持续土地利用数字化平台技术研究与示范 …………………… 114
土地整理项目后评价信息化技术和应用示范研究 …………………… 119
土地整治技术标准体系研究 …………………… 126

第一篇

土地整治规划

- 全国土地开发整理重大工程实施战略研究
- 市级土地综合整治规划技术方法研究与应用示范
- 市县级土地整治规划方法与实践
- 大都市城市郊野地区土地综合整治研究

全国土地开发整理重大工程实施战略研究

一、成果概况

主要完成人：郧文聚、王磊、范金梅、杨晓燕、陈原、薛永森、鞠正山、杨华珂、张秋惠

项目来源及编号：2006年国土资源部部门预算项目“全国土地开发整理重大工程实施战略研究”

项目起止时间：2006年1月—2008年12月

知识产权支持及获奖情况：2010年度国土资源科学技术奖二等奖

二、主要成果

基于《全国土地开发整理规划（2001—2015年）》确定的重大工程，研究了推动工程实施的方式方法，形成了指导工程实施的总体目标、安排、实施计划，进行了工程实施效益分析，提出了推动工程实施的保障措施等。编制了粮食主产区基本农田整治工程、西部生态建设地区农田整治工程、重点煤炭基地土地复垦工程、新疆伊犁河谷地土地开发工程、三峡库区移民安置土地开发整理重大工程的实施方案，并出版发行。

三、创新要点

针对规划确定的土地整理复垦开发重大工程的目标任务，结合当前土地整理复垦开发管理要求，提出重大工程实施的四项指导措施。

1. 统筹规划、突出重点

重大工程以规划为依据，并通过重大项目实施。重大项目原则上要符合在全国土地整理复垦开发规划中划定的重大工程实施区域。相关省份结合土地利用总体规划修编，在土地资源调查与评价的基础上，安排好具有区域特点的重大工程项目，编制实施方案，明确工程目标、任务和阶

段安排。国土资源部根据国家经济社会发展对国土资源管理提出的要求，结合专项资金征收分配情况，有重点、有选择地统筹安排重大项目实施。

2. 科学论证、分步实施

各省（自治区、直辖市）重大项目立项必须进行深入广泛的论证，实施方案通过国土资源、财政等方面的专家调查论证后，由国土资源部会同有关部门进行立项审查和批复。重大工程原则上按年度实施，国土资源部原则上按年度安排中央分成资金。

3. 集中投入、共同建设

重大工程由国家资金和地方相关资金共同投入实施，集中新增建设用地土地有偿使用费、耕地开垦费、土地出让收入用于农业开发部分等专项资金用于重大工程建设。重大项目实施实行省政府负总责，省级国土资源部门牵头，会同相关部门负责重大工程项目的实施、管理、验收和后期管护利用。国土资源部会同有关部门负责重大工程的立项、监管、检查和指导。

4. 注重实效、整村推进

重大项目要根据工程特点和当地实际，集中连片成规模地推进项目实施，对于土地整理工程原则上要“整村推进”田、水、路、林、村综合整治，杜绝“天女散花”式的项目安排方式，确保建一片成一片，突显工程成效。

四、成果应用

《全国土地整治规划（2011—2015 年）》确定土地整治重大工程主要考虑以下因素：一是与国家和区域重大发展战略，以及全国主体功能区规划、土地利用总体规划、城镇体系规划、交通规划、大江大河流域的防洪规划、水土保持规划等规划相衔接；二是落实《全国土地利用总体规划纲要（2006—2020 年）》，并与上一轮土地开发整理规划衔接；三是解决土地利用中的重大问题，如粮食主产区和基本农田集中区耕地保护、采矿区土地复垦、重要水土流失地区土地生态建设等问题。该研究成果确定的重大工程内容、工程量、资金测算、工程实施片区等内容被《全国土地整治规划（2011—2015 年）》重大工程部分全部采用。

五、主要效益

土地整治重大工程战略研究是在《全国土地开发整理规划（2001—2010 年）》确定的重大工

程基础上，选择了基础条件好、地方需求高、对实施重大工程项目有帮助的5项土地整治工程进行研究。通过工程战略研究，划定土地整治项目片区，为重大工程项目的选择提供依据，增强规划的可操作性，为保障国家粮食安全、保障生态建设地区人均1亩口粮田、复垦历史遗留损毁土地、改善库区移民生活、储备国家耕地资源等发挥了重要作用。

市级土地综合整治规划技术方法研究与应用示范

一、成果概况

主要完成人：田玉福、陈原、杨晓艳、郝晋珉、艾东、吴敏宁、李喆

项目来源及编号：国土资源公益性行业科研专项“市级土地综合整治规划技术方法研究与应用示范”（201011016）

项目起止时间：2011 年 1 月—2013 年 12 月

二、主要成果

课题围绕我国土地整治规划工作的现实需求，紧扣规定的研究目标和任务，明确市级土地整治规划编制目标定位，提出市级土地整治规划编制专题研究内容及有关要求，开展市级土地整治规划评价研究，并以成都市为示范区，进行市级土地整治规划编制示范研究。

1. 明确了市级土地整治规划编制目标定位

在我国土地整治规划体系中，市级土地整治规划具有承上启下的作用，是落实省级土地整治规划（以下简称省级规划）的重要环节，既是对市（地）级土地利用总体规划的实施和深化，也是市（地）级行政区土地整治活动的指导落实。

以成都市土地整治规划为例，其紧扣成都市的“全国统筹城乡综合配套改革试验区”定位和“世界生态田园城市”发展战略。2007 年 6 月，成都市被批准成为全国统筹城乡综合配套改革试验区，在国家政策的引导下，统筹考虑了四川盆地作为《全国土地开发整理规划（2011—2015 年）》确定的 10 个土地整理重点区域之一的责任，成都市委、市政府把统筹城乡发展作为工作的根本指导思想，将土地综合整治作为城乡统筹的工作平台。在实践综合配套改革试验区的探索之路上，成都市积极创新，稳步推进“金土地工程”，并提出了建设“世界生态田园城市”的战略。依据《成

都市农村土地综合整治白皮书（2009—2015 年）》《成都市土地利用总体规划（2006—2020 年）》确定的相关指标，结合成都市土地整治潜力的实际情况，综合考虑成都市未来经济社会发展及“世界生态田园城市”建设目标，并结合示范带—线—片工作要求，确定了成都市 2011—2015 年土地整治目标，并对 2020 年的土地整治目标进行了展望。

2. 提出了市级土地整治规划编制专题研究内容及有关要求

主要提出了市级土地整治规划编制的主要任务、一般步骤、专题研究内容等一般要求。

（1）市级土地整治规划编制的主要任务。评价上一轮规划期间土地整治相关工作情况，研究土地整治重点问题，确定土地整治目标任务、区域布局、重点项目，进行资金供需分析和效益评价，提出规划实施的保障措施，建立土地整治规划数据库。

（2）市级土地整治规划编制一般步骤。主要划分为 4 个阶段：准备工作、调查研究、方案编制和成果报批。准备工作包括组织准备、技术准备和基础图件准备；调查研究包括资料获取、实地调查和基础研究；方案编制主要针对专题研究内容；成果报批主要是形成规划文本、图件、数据库等，以及上报审批工作。

（3）专题研究内容。主要包括高标准农田建设、城乡建设用地整治、土地整治战略、生态环境影响及其他效益评价、规划实施保障措施、中心城区土地整治等重点问题。高标准农田建设研究主要从高标准农田整治条件调查和建设安排等方面入手。城乡建设用地整治研究主要包括确定城镇工矿用地与农村建设用地整治的目标与要求。其他问题研究可结合地方实际，针对土地整治战略、生态环境影响及其他效益评价、规划实施保障措施、中心城区土地整治等问题深入开展。

3. 开展市级土地整治规划评价研究

市级土地整治规划评价研究主要包括整治潜力、整治工作和规划中政府利益的评价研究。

（1）土地整治潜力调查评价应针对不同土地整治类型分别开展。土地整治潜力评价类别一般包括农用地整治潜力评价、农村建设用地整治潜力评价、宜耕后备土地资源开发潜力评价、土地复垦潜力评价和城镇工矿建设用地整治潜力评价。土地整治潜力评价可在土地整治潜力功能分区基础上开展。成都市主要开展了农用地整治潜力和农村建设用地整治潜力测算。农用地整治潜力综合考虑了地形地貌对农用地整治的影响，采取分坡度抽样调查及综合分析归纳的方法，结合各坡度可整治农用地规模预测农用地整治潜力；农村建设用地整治潜力综合考虑建设用地管制分区、川西林盘保护点位和土地利用变更数据确定可整治农村居民点规模，辅助应用无人机遥感航拍技术精细化识别可整治宅基地规模，结合预测的未来农业人口与人均安置用地计算农村建设用地整治潜力，最后对项目区土地整治潜力进行汇总并划分等级。

（2）土地整治工作评价是对上一轮土地整治规划实施或土地整治相关工作进行分析评价。主要包括：总结上一轮规划期间土地整治工作经验；评价上轮规划或相关工作目标任务落实情况；评价规划实施的经济效益、社会效益和生态效益；评价土地开发、城镇工矿建设用地整治、农村建设用地整治、土地复垦等整治活动的开展情况；提出规划编制建议。从成都市上一轮土地开发整理规划实施情况看，上一轮规划实施成效显著，耕地得到有效保护，农业生产条件和农业生态环境得到改善，促进了城乡统筹发展，对土地开发整理重要性的认识得到进一步提高，建设用地整治改善了农民居住条件。

（3）土地整治规划是政府重要的公共政策工具，涉及多个利益相关者，需要权衡不同利益相关者的利益。现实中，不仅不同层级地方政府间存在经济利益冲突，而且部门（行业）间、公众与政府间也存在利益冲突等，这些冲突导致了“规划失灵”，致使规划频频修改，实施效果大打折扣。因此，研究土地整治规划中的政府利益，有助于提高我国土地整治规划制定水平，改善实施效果，推进实现公共利益。

土地整治规划实施过程中的地方政府利益分为两部分：一是可直接获得的地方政府经济利益；二是可间接获得的地方政府公共利益。直接的地方政府经济利益主要表现为整治后用地潜力的增大、建设用地指标的增加、对地方政府财政收入的支持，以及部分产业用地投产后地方政府从中获得的经济利益。间接的地方政府公共利益是土地整治过程中，地方政府行为所带来的农业生产对 GDP 的贡献及地方政府的政绩工程效应，具体有：①增加耕地面积和农业产值；②土地“增减挂”增加城镇建设用地使用空间；③土地价值的提高，即土地出让金的增加；④农业现代化及规模化程度的提高，节约了土地投入成本；⑤财政收入的增加；⑥增加 GDP；⑦改善农居环境，完善公共设施；⑧推进城市化进程；⑨增加农民收入；⑩节约集约利用建设用地。

三、创新要点

1. 明确了市级土地整治规划编制目标定位

市级土地整治规划是落实省级土地整治规划的重要环节，是实施和深化市（地）级土地利用总体规划的重要手段，是指导市（地）级行政区土地整治活动的政策性文件。市级土地整治规划重点落实高标准农田建设任务，同时统筹安排农用地整治、农村建设用地整治、城镇工矿建设用地整治、土地复垦和宜耕后备土地资源开发等各类土地整治活动，促进土地整治工作全面、深入、有序推进。

2. 明确了市级土地整治规划编制专题研究内容及有关要求

市级土地整治规划在省级规划的控制和指导下，明确本行政区土地整治的方向和目标，提出土地整治的规模、结构和布局，依据省级规划下达的土地整治任务特别是高标准农田建设任务，对下一级行政区域进行任务分解，落实土地整治重点项目，安排土地整治资金，提出实施规划的保障措施。

3. 提出了市级土地整治规划评价框架

开展市级土地整治规划评价研究，提出土地整治规划评价的框架。根据时间维度，市级土地整治规划评价可以分为三种类型：规划预评价、规划过程评价和规划后评价。市级土地整治规划预评价是在规划实施前开展的评价，主要分析其实施后可能产生的后果或影响；市级土地整治规划过程评价是在规划编制及实施过程中开展的评价；市级土地整治规划后评价主要是实施效果评价。市级土地整治规划编制评估主要是对市级土地整治规划方案、规划文本、规划图件及附件的评估，即对规划成果的评估。此外，还对市级土地整治规划中的政府利益进行评价。

四、成果应用

课题成果部分纳入行业技术标准《市（地）级土地整治规划编制规程》（TD/T 1034—2013）中。课题成果在四川省成都市开展了应用示范，依据规划编制原则、范围、程序、内容和成果要求等，编制成都市土地整治规划，并顺利通过审批。

五、主要效益

课题成果可大范围推广应用，为我国市级土地整治规划的编制、审查、实施和管理等提供科学依据和规范要求，带动土地整治相关产业发展，并产生良好的社会效益、经济效益和生态效益。

市县级土地整治规划方法与实践

一、成果概况

主要完成人： 郧文聚、范金梅、汤怀志、梁梦茵、贾文涛、姜广辉、刘建生、薛剑、杨建宇、陈红宇

项目来源及编号：《国土资源部关于开展土地整治规划编制工作的通知》（国土资发〔2010〕162号）

项目起止时间： 2010年1月—2012年1月

知识产权支持及获奖情况： 2014年度国土资源科学技术奖二等奖

二、主要成果

土地整治规划是土地整治工作的龙头，市、县级土地整治规划是实施性规划、土地整治活动的基本依据，是土地整治规划体系的主体和关键。本项目以国土资源部确定的市级土地整治规划编制试点嘉兴市和扬州市及广西壮族自治区国土资源厅确定的县级土地整治规划编制试点灵川县为依托，立足当地经济社会发展阶段和土地整治需求，开展了市、县级土地整治规划研究，为新一轮土地整治规划的编制和制订市、县级土地整治规划编制规程提供理论支撑和实践探索。

项目形成了研究报告3本、规划文本3本、规划说明3本，发表学术论文10余篇，培养博士生5人、硕士生6人。规划成果成为这3个市、县指导土地整治活动，统筹安排各类土地整治资金的重要依据。

1. 首次构建了市、县级土地整治规划编制的理论体系

基于新时期土地整治的现实需求与战略定位，解析了土地整治基本要素与基本属性，建立了土地整治系统分析概念模型；分析了土地整治功能、结构与相互作用关系，剖析了土地整治运行过程、特点与驱动机制，建立了城乡互动条件下土地整治调控机制与内容体系；将生态维护、

节约集约与耕地保护有效融合，形成了土地整治规划目标框架与内容体系设想；梳理了土地整治流程，提出了土地整治规划编制组织构成与编制程序，形成了多学科综合的土地整治规划编制方法论。

2. 发展了土地整治基础条件调查与评价技术体系

以高分遥感数据为基础，形成了多尺度、参与式的快速土地整治潜力调查方法；结合经济社会发展战略需求，基于产业结构、经济水平、城市化水平互动关系及协调度模型，确定了区域适宜土地整治功能诊断方法；基于空间格局相关指数，建立了适合农业规模化生产的耕地生产空间格局分析技术体系；依据新时期土地整治内容，确定了不同类型土地整治潜力的内涵、评价指标及潜力评价方法。

3. 形成了市、县级土地整治空间格局配置方法

提出了市级划分土地整治功能区，确定土地整治方向，县级进一步纳入土地整治限制因子，进行土地整治工程类型分区；基于景观生态网络格局，提出建立集生态、景观、文化于一体的生态廊道体系，构建区域景观生态网络；在市、县级网格尺度，开发以网格为基本单元的多源空间数据融合、分析、提取技术，以网格模型来优化配置土地整治空间布局。

4. 创新了土地整治规划理念，在坚持完成土地整治规划研究基本任务的前提下，开创了体现地方特色的土地整治规划编制先河

根据各地特点，创新性地提出了基于耕地多功能的高标准农田建设模式、基于“内核—外缘”的农村居民点整治主导模式等，并提出了一系列农村土地整治政策，为促进当地发展提供了保障。

三、创新要点

1. 建立了土地整治基础条件调查与评价技术体系

构建了逐层递进的土地整治潜力调查技术体系，建立了多尺度融合的土地整治潜力调查方法；提出了满足“三化”协同要求的土地整治功能诊断技术；提出了土地整治功能格局评价技术；基于土地整治功能对土地数量、质量、格局的影响机理，提出了农用地整治质量潜力、数量潜力和规模化潜力数量特点与空间分布计量方法；测算了农村居民点补充耕地、扩展空间、改善生活条件及格局优化潜力，拓展了新时期农村居民点用地潜力评价方法。

2. 构建了土地整治规划编制的理论体系

厘清了土地整治基本原理，基于新时期土地整治的现实需求与战略定位，解析了土地整治的基本要素与基本属性，建立了土地整治系统分析概念模型；形成了土地整治规划目标框架与内容体系设想，提出了新一轮土地整治规划文本基本结构构架方案；借鉴不同类型土地整治规划编制经验，结合土地整治规划特性，形成了多学科综合的土地整治规划编制方法论。

3. 创新了土地整治规划方案优化设计技术

根据土地整治战略与问题，提出了土地整治目标设定基本程序，从总量、增量和效益三个层次建立了涵盖耕地保护、节约集约与生态环境的规划控制指标体系。在土地整治潜力评价成果的基础上，结合土地利用总体规划调控目标，探索了基于灰色线性规划理论和生态足迹模型的土地整治规划方案优化设计。以土地整治潜力评价和优化成果，结合市级土地整治规划推进思路，以市、县为单元的重点区域整治、以乡镇为单元的区域整治及以村为单元的分散整治三种模式生成市级土地整治规划方案，通过综合分析，确定了土地整治规划方案优化设计模式（图 1，图 2）。

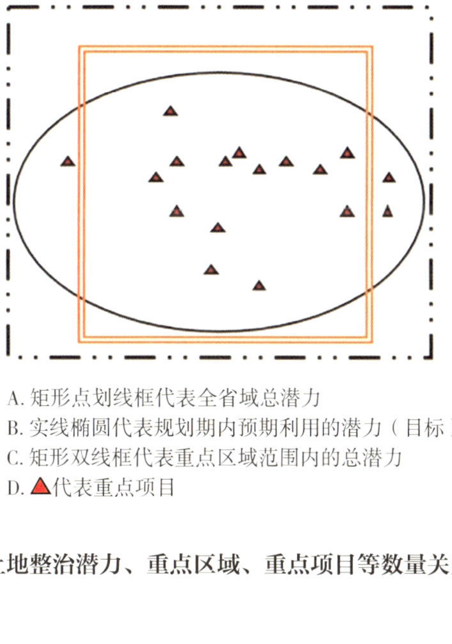

图 1　土地整治潜力、重点区域、重点项目等数量关系示意图

图 2　重点区域、重点项目空间关系示意图

4. 提出了土地整治空间格局配置方法

提出了宏观—中观—微观多层次土地整治分区控制体系；提出了以景观生态网络格局为基础的土地整治空间布局方法；构建了基于网格的高标准农田空间定位模型；建立了土地综合整治难度评价指标体系，采用模糊综合评判法对土地综合整治难度系数进行测算，实现了土地整治建设区时序确定；研发了基于网格的高标准农田空间定位与重构系统。

5. 创新了土地整治规划实施模式

基于城市化、工业化、粮食安全、生态安全等因素，构建评价指标体系，提出了规模化、田园化、集约化等相关高标准农田建设模式；基于“内核—外缘”的系统学理论知识，探讨了农村居民点整治模式的基本特征与形成机理，归纳了研究区农村居民点整治主导模式及其基本特征；按照集聚资源、效能优先等战略，以耕地集聚、建设用地集聚为重点，建立适应现代化农业规模发展需求、提升公共服务效能的土地整治制度，提出突破县域范围的城乡建设用地增减挂钩政策。

四、成果应用

项目研究成果中的几个土地整治规划都已经当地政府同意批复并发布实施，成为各地开展土地整治活动、安排土地整治项目的重要依据。

项目研究成果明确了市级和县级土地整治规划的定位、主要内容，构建了市级和县级土地整治规划编制方法、编制思路，为新一轮土地整治规划的编制提供理论支撑和实践探索。项目研究成果在《市（地）级土地整治规划编制规程》（TD/T 1034—2013）和《县级土地整治规划编制规程》（TD/T 1035—2013）中得到应用。

五、主要效益

随着城镇化、工业化、农业现代化和信息化不断推进，用地供求矛盾日益突出，耕地保护任务日益艰巨。在新形势下，土地整治不仅对保护耕地、节约集约用地至关重要，而且对统筹城乡发展、促进新农村建设意义重大。

在研究成果的指导下，规划编制市、县着力提升良田建设水平，增加了有效耕地面积，完善了农田基础设施，提高了耕地质量，促进了农民增收、粮食增产，改善了生态环境；积极拓展了建设用地发展空间，提高了城镇工矿建设用地利用效率，优化了农村建设用地布局；为实现城镇化、工业化、农业现代化同步发展提供了平台；提高了农民公众参与的程度，保护了农民权益，维护了社会和谐。

市、县级土地整治规划方法与实践通过几个具体市、县级土地整治规划的编制，创建了包括土地整治战略、土地整治潜力、土地整治空间布局、土地整治项目安排、土地整治制度制定的完整方法体系；研究成果的应用，为全国各地土地整治规划编制提供了理论、方法借鉴，提高了土地整治规划编制技术水平，为全国土地整治规划编制工作实现规范化、标准化奠定了基础。

大都市城市郊野地区土地综合整治研究

一、成果概况

主要完成人： 郧文聚、刘新卫、范金梅、汤怀志、梁梦茵、薛剑、曲衍波、高宇、杜延德、杨华珂、杨磊

项目来源及编号： 2014 年国土资源部部门预算项目“土地整治实施监管与绩效考评”

项目起止时间： 2014 年 5 月—2014 年 12 月

二、主要成果

（1）按照土地整治的自然、经济和社会属性特征，分析了不同理论基础的概念、特征及其与土地整治的关系，概括总结了基于不同理论基础的土地整治理念与内涵，为土地资源评价与整治模式构建提供了理论基础。

（2）对大都市郊野地区的概念进行了梳理与界定，对大都市郊区的经济社会、土地利用及空间形态的特征进行了分析。研究了城乡发展一体化与土地整治的耦合关系，提出了基于空间圈层结构特征的土地资源评价与土地整治创新模式。

（3）对土地整治和城乡一体化发展的系统结构、表征要素及相互作用关系进行了理论分析。从经济、居民生活、基础设施、公共服务和生态环境五个方面，开展北京市郊区城乡一体化发展评价实证，诊断北京市郊区城乡一体化发展的症状与障碍因素，并参照土地整治服务于城乡一体化发展的调控能力与影响程度，明确城乡一体化发展导向的土地整治方向和路径。

（4）在综合考虑自然、生态、经济等方面的因素后，对北京市耕地后备资源开发做了适宜性评价。将北京市耕地功能分为生产、生态、文化和社会四大功能，未来北京市农用地整治应重点发挥耕地生态景观功能和休闲文化功能，同时结合基本农田保护区规划，进行耕地多功能导向的高标准农田建设，保障耕地数量稳定和质量提升。

（5）从规模和空间分布两个方面对北京市农村居民点土地利用特征进行分析，概括农村居民点

土地利用过程中存在的问题及其原因。北京市农村居民点整治的圈层特征比较显著，近郊城乡交错区的农村居民点发展张力明显，应以优先发展和有条件转型为整治重点，适合于“村改城”土地一级开发和城乡一体化综合整治；远郊平原区的农村居民点相对稳定，以重点发展和适度发展为整治目标，适合于中心村建设和内涵挖潜的田园式整治；远郊山地区的农村居民点整治压力限制因素较多，应以优先转型为整治目标，适合于绿色产业培育和空间组合重建的生态式整治。

（6）在对生态用地概念和类型（绿黄蓝灰）进行理论分析的基础上，从规模结构、景观格局两个方面对北京市生态用地特征进行分析，概括出生态用地利用特征（图 1）。

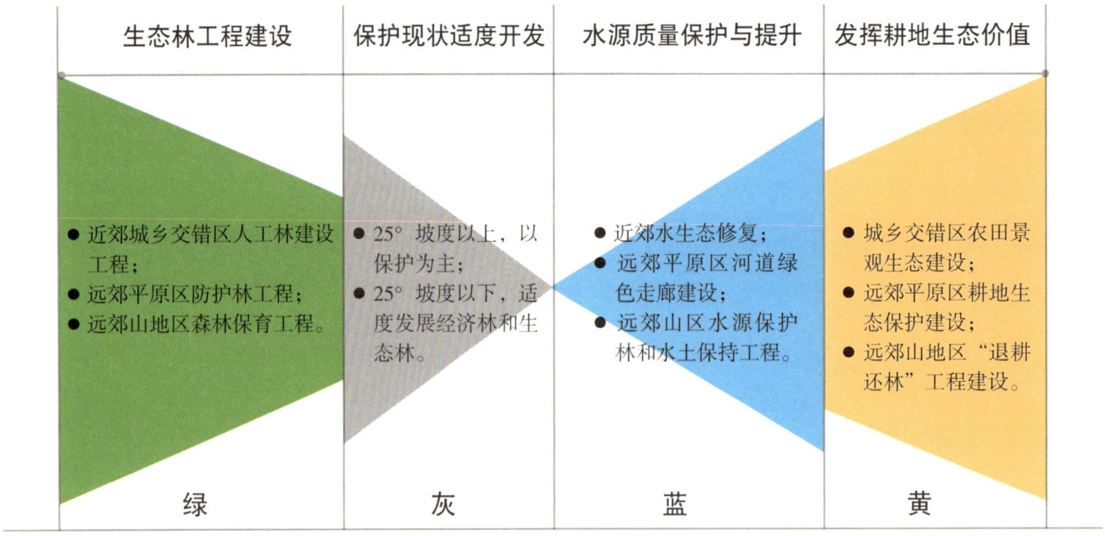

图 1　生态用地整治方向

（7）基于北京市郊区土地整治的战略背景研究，根据新形势发展需要，分析大都市郊区土地整治功能定位，即大都市郊区土地整治具有生产、生活、生态、空间形态调整和产业结构调整等多元功能（图 2）。确定土地整治的战略目标与任务，构建土地整治的空间分区格局，明晰不

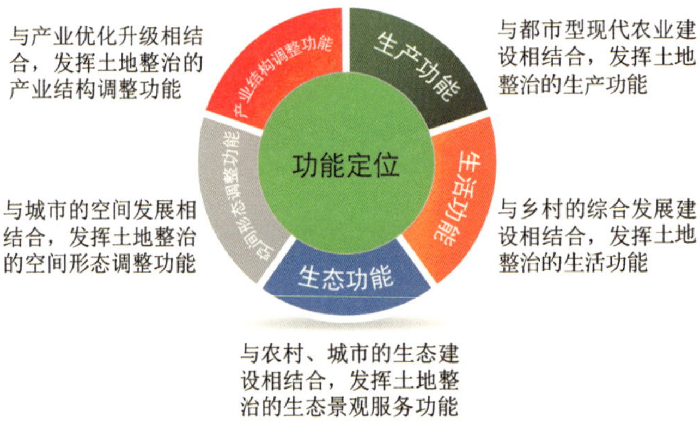

图 2　大都市郊区土地整治功能定位

同整治分区的土地整治战略方向，刻画目标导向的北京郊区土地整治战略重点，提出保障目标实现的土地整治策略。为保证北京市郊区土地整治目标和任务的实现，首先利用系统理论，从内核和外缘因素耦合的角度，构建了区域土地整治模式的概念模型与识别方法；然后从市域宏观、区县中观和项目微观三个尺度，分别从城乡协调发展、农田多功能利用、农村发展地域差异、都市农业发展、农户认知与意愿、生态景观建设等方面，探讨了具有大都市郊区特色的土地整治创新模式。

三、创新要点

（1）采用理论研究与实证分析相结合的方法，在明确北京市中心城区和郊野地区范围的基础上，分析北京市郊野地区发展的核心问题和北京市城乡发展表现出的空间圈层结构特征，为大都市郊区土地整治研究提供新的视角。

（2）通过开展土地整治与城乡一体化发展的耦合关系分析、耕地后备资源适宜性评价、耕地多功能性评价、农村居民点转型发展评价及生态用地重要性评价，提出适合北京市土地资源利用特征的土地整治方向和指导思想，构建大都市郊区土地整治战略体系，并研制不同尺度条件的大都市郊区土地整治模式。

四、成果应用

研究成果被《全国土地整治规划（2016—2020年）》采用，成为规划编制的主要支撑。

五、主要效益

在大都市城市郊野地区，土地整治与都市型现代农业、综合型新城建设、城市郊区化发展、绿色生态系统建设等内容密切相关。通过多视角、多元化、多尺度系统地开展土地整治研究，分区域、分类型、分模式因地制宜地推进土地整治活动，可以实现大都市郊区城乡一体化发展和土地资源的可持续利用。

第二篇

建设用地整治

- 城市群土地储备发展研究
- 基于空间分异理论的城镇土地等别调整技术方法体系研究

城市群土地储备发展研究

一、成果概况

主要完成人： 罗明、陶晓龙、沈飞、彭茹燕、王晓映、欧阳安蛟、薛红霞

项目来源及编号： 2015 年国土资源部部门预算项目“土地储备与供地监管”

项目起止时间： 2015 年 3 月—2015 年 12 月

二、主要成果

土地储备是在土地资源由计划配置转向市场配置过程中，为弥补市场失灵、保障政府供地、调控土地市场，市、县人民政府国土资源管理部门依法取得土地，进行前期开发、储存以备供应土地的行为。1996 年 11 月，我国第一家土地储备机构在上海市成立。而后，在没有既定概念、既定原则、既定方法和既定模式的情形下，各地通过尝试与探索，自下而上逐步推进我国土地储备制度的形成与发展。近 20 年的实践证明，土地储备是土地管理不可或缺的重要环节，对稳定土地市场、保障民生用地、促进经济社会发展等具有重要作用。

从全国看，各地土地储备机构在规范与壮大的同时，运作模式、业务范围、职能定位不统一，发展不平衡；储备业务重点逐渐从以新增土地储备为主转向以存量土地储备为主；各地土地储备制度建设、功能拓展、运行机制、运作模式及储备资金运作方面的探索创新发展参差不齐。土地储备工作普遍面临以下问题：一是由于法定补偿机制缺乏，征地难度不断加大。新增建设用地收储越来越难、越来越少，存量建设土地收储量虽然在增加，但收储难度不断加大，收储工作缺乏规范，所附带的非储备工作也层出不穷。二是储备资金来源渠道单一，资金运转压力大。随着银行贷款的停止，单靠财政拨款的土地储备资金捉襟见肘。三是部分地区土地储备运作不规范。有的地方土地入库储备的标准低，土地产权关系不够清晰；有的地方不按要求编制年度土地储备计划，盲目扩大土地储备规模，造成拟收储土地量过大，入库储备量却不足。

1．京津冀城市群土地储备未跟上京津冀一体化协同发展的步伐

京津冀城市群地区土地储备机构发展及业务运行较为规范，但受行政区划影响，地级以上（含）城市的土地储备和下属区县的土地储备独立运行，“两级政府、两级管理”，缺乏协作，导致城市建设缺乏统筹。同时，虽然京津冀地区一体化协同发展已经启动，但区域内土地储备发展没有跟上协同发展的步伐，尤其是在一些需要打破本区（县）乃至省市界限的轨道交通等基础设施建设方面没有实现协同发展，各自的发展依旧局限在本辖区内。

2．珠江三角洲城市群土地储备虽顺应城镇化发展，但规范度差异较大

珠江三角洲城市群地区城镇化发展较快，土地储备发展较为活跃，形成两种模式：一是“整村统筹”土地整备模式。“政府主导、社区主体、居民参与”，采取收回土地使用权、土地收购、房屋征收、征转地补偿等问题综合处理模式，整合各方资源，“一揽子”解决问题，优化城市空间，促进社区转型发展。二是城市更新中的土地储备。在城市更新过程中，将符合“三旧”改造、棚户区改造、危破旧房改造的项目交由相应部门承担，收窄土地储备盘活存量用地的范围，并积极与“三规”衔接，解决用地紧张与开发时序的矛盾。土地储备的运作规范化程度在区域间差异较大，广州、深圳较规范，东莞、珠海、佛山、中山、肇庆、惠州及江门的规范化程度有待提高：多头储备依然存在，缺乏统筹管理，部分城市中各区（镇）建立区（镇）级土地收储机制，但由于缺乏统一规划和管理，逐渐与市级土地储备形成两套体系，甚至还存在国有企业参与土地储备的情况。

3．长江三角洲城市群土地储备聚焦经营性用地，对资金渠道探索较多

长江三角洲城市群地区土地储备因当地调控管理需求，运作模式及业务覆盖范围各具特色。除上海、杭州、合肥、南通等典范城市土地储备发展较为规范、前沿外，不少城市的土地储备机构力量薄弱，被动接受政府指令进行储备，相关工作实际上由其他部门完成。3/4的土地储备机构兼具土地储备、融资平台职能，甚至有的偏重于融资功能。除少数城市如合肥市实施“大合肥、大储备”发展战略，将各类经营性用地、公益性用地和工业用地统一纳入储备外，大多数城市土地储备是以经营性用地为主。长江三角洲城市群地区土地储备资金探索创新较多，如上海、合肥等城市引入国家开发银行的棚改资金，南京市创新设立城市建设发展基金，湖州市与兴业银行合作成立合伙企业，推动PPP融资落地。

三、创新要点

1．创新土地收储与资金管理模式，探索新的收储模式

随着经济社会的发展，区域协同发展将越来越深入，轨道交通等基础设施及产业的联建与共享

将越来越普遍。土地储备应打破原有的行政辖区封闭运行的限制，创新土地收储与资金管理模式，加大协调与共享，探索实施区域（如京津冀、长珠潭）或市区“联合收储、投入共担、利益共享、风险共担”的新机制，探索在城乡统一的建设用地市场下集体建设用地的收储模式，逐步规范和实施全地区、全市范围的土地统一征收、统一储备和统一供应，更好地调控本区域、本市土地市场的规模、结构和土地投放时序，更充分地发挥土地储备服务经济社会发展的效能。

2．创新融资方式，确保土地储备运行

在传统的银行贷款受限的情况下，将土地资产与金融资本有机结合，利用渐趋成熟的资本市场条件，创新融资方式，如建立土地储备基金、发行土地储备债券等，大量吸纳社会资金参与土地储备，保证土地储备顺利运行。

（1）设立土地基金。南京市建立城市建设发展基金的做法值得借鉴。南京市以国有土地收益基金中拨付的启动资本金等为基金主要来源，以土地储备股权投资基金形式，广泛吸纳各类社会资金参与土地开发整理。同时，创立开放式、滚动化的储备地块“资产池”，确立储备地块“资产池”的入池标准，只有“资产池”中的储备项目可以使用基金，部分土地上市变现后，继续向“资产池”注入新的地块，相关回笼资金在基金到期前可滚动使用于“资产池”。

（2）设立土地储备债券。相对于其他政府融资平台的债务，土地储备债务有制度性优势，风险可控，成本收益可控，还本付息可控。因此，土地储备债务在地方政府性债券中应独立控制规模，其规模不应以地方政府税收财力为参考，而应以储备土地前三年平均收益参考未来供地收益为基础测算，以保障土地储备事业的可持续发展。地方政府性债券中，应对不同类型的债务分类对待，其中无收益的公益性事业发行一般债券融资，以一般公共预算收入还债；有一定收益的公益性事业则发行专项债券，以政府性基金或专项收入还债。

3．加强储备地块深度开发整理，提升储备土地资源价值

随着城市化建设的拓展与深化，城市土地的需求重点从新增建设用地转到存量土地的整理和高效利用。为更加高效合理利用土地资源，必须加强储备土地的深度开发整理。杭州、南京及成都等地为实现片区城市规划，在对出让地块完成水、电、气、道路、通信等基本设施建设基础上，还完善了地块周边教育、卫生、社区服务等基础设施与功能配套建设，使储备地块在上市前不仅具备“净地”条件，更能达到“熟地”标准，大幅提升拟出让地块的预期收益，形成开放式、实体化滚动盈利的运作体系，在实现城市发展规划意图的同时，大幅提升了储备土地的资产价值和利用效率。

四、成果应用

（1）针对研究中发现的地方土地储备机构设置不规范、多头储备及承担非储备职能尤其是融资的问题，2016 年 2 月 2 日，《财政部 国土资源部 中国人民银行 银监会关于规范土地储备和资金管理等相关问题的通知》（财综〔2016〕4 号）明确要求清理压缩现有土地储备机构，“每个县级以上（含县级）法定行政区划原则上只能设置一个土地储备机构，统一隶属于所在行政区划国土资源主管部门管理。对于重复设置的土地储备机构，应当在压缩归并的基础上，按规定重新纳入土地储备名录管理。”“各地区应当将现有土地储备机构中从事政府融资、土建、基础设施建设、土地二级开发业务部分，从现有土地储备机构中剥离出去或转为企业，上述业务对应的人员、资产和债务等也相应剥离或划转。”

（2）采纳研究成果中关于设立土地储备债券的建议，并借鉴南京城市建设发展基金的管理模式，2017 年 5 月 16 日，财政部和国土资源部联合出台《关于印发〈地方政府土地储备专项债券管理办法（试行）〉的通知》（财预〔2017〕62 号），自 2017 年起发行土地储备专项债券，并逐步建立专项债券与项目资产、收益对应的制度，规范土地储备融资行为，促进土地储备事业持续健康发展。

五、主要效益

通过本研究，基本掌握了京津冀、长江三角洲、珠江三角洲城市群地区土地储备发展现状及存在的问题，为国土资源部、财政部等部门管理土地储备及防控地方政府性债务风险提供了决策支撑。

基于空间分异理论的城镇土地等别调整技术方法体系研究

一、成果概况

主要完成人：罗明、陶晓龙、杨红、张正峰、雷逢春、王春宇

项目来源及编号：2014 年国土资源部部门预算项目“土地储备与供地监管”

项目起止时间：2014 年 1 月—2014 年 12 月

二、主要成果

（1）基于地域分异理论、区位论等空间分异理论，选择 7 大类因素、15 项评价因子，分别代表城镇区位状况、城镇集聚规模状况、城镇基础设施建设状况、城镇用地投入产出水平状况、区域经济发展水平状况、区域综合服务能力状况及区域土地供应潜力等影响因素，对全国县级行政单元经济社会发展多项指标进行了全面测算。并以均值—方差法等 5 种统计方法，辅以市场校验法，将全国各市、县城镇土地质量进行分等，形成了全国土地城镇土地等别系列，并运用 GIS 技术进行了结果显示和对比分析。

（2）基于城镇土地等别定期快速更新的需求，将全国地级市中位于主城区的市辖区及百强县作为城镇土地等别体系更新中的“控制点”，“控制点”对等别体系起支撑和调节作用，同时对等别体系中其他行政单元等别起总体控制性作用，从而建立形成了城镇土地等别快速更新修订的技术体系（图 1）。

（3）基于城镇土地等别调整修订工作的数据量大、操作重复等特点，为更便捷、更准确、更高效地完成城镇土地等别调整修订工作，采用 C# 语言及 ArcGIS Engine 平台开发形成了城镇土地等别调整信息系统，可以实现基础数据的管理、城镇土地等别测算过程的自动化、城镇土地等别综合平衡过程的自动化、城镇土地等别调整修订结果的保存和使用、城镇土地等别的动态监测等功能（图 2）。

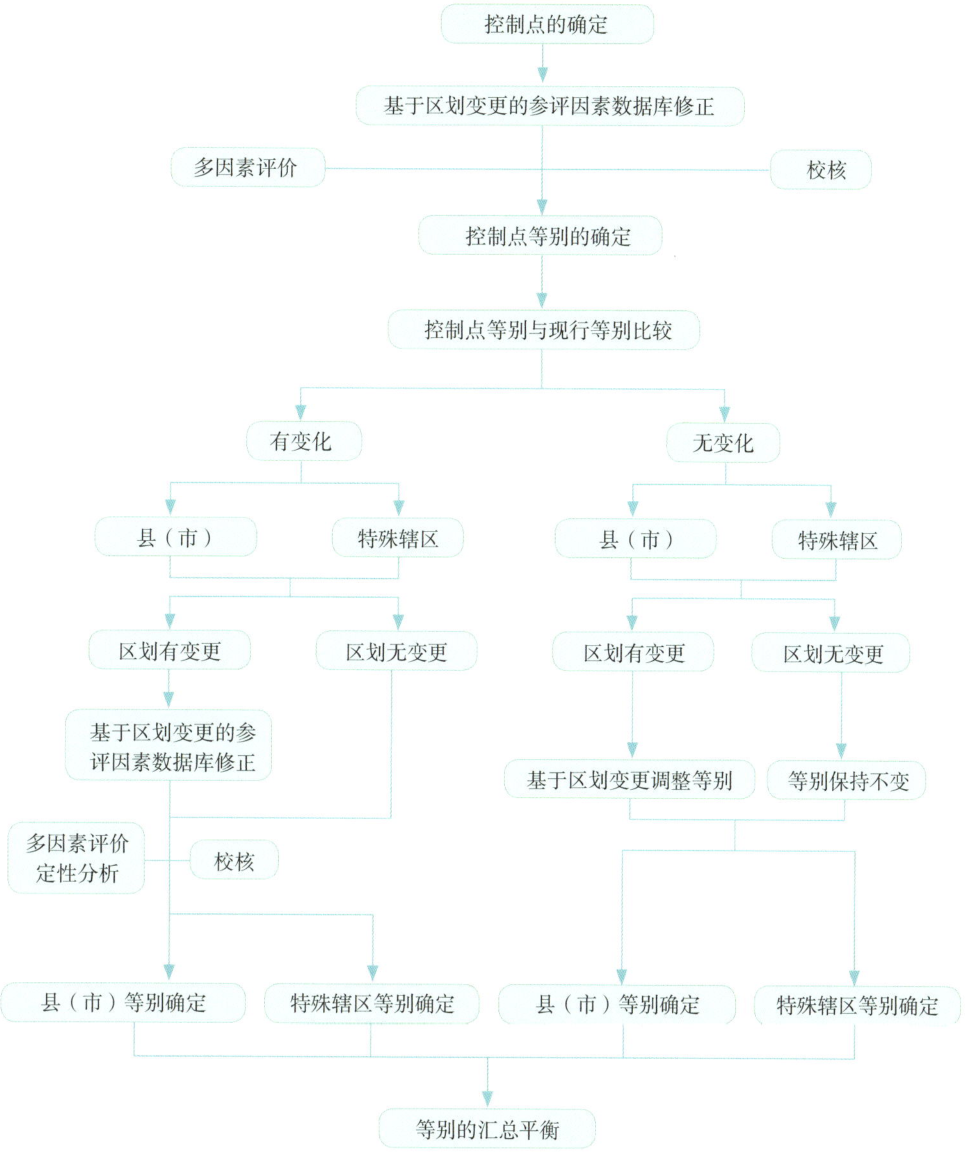

图 1　城镇土地等别调整技术体系

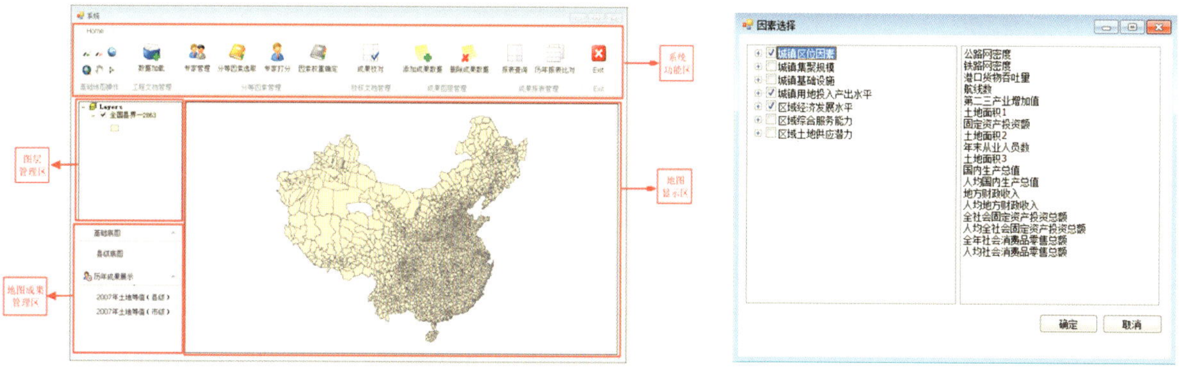

图 2　城镇土地等别调整信息系统

（4）基于全面掌握全国城镇土地等别动态变化状况的需求，研究了城镇土地等别监测的内容、方法、手段，形成了城镇土地等别监测技术体系，包括监测样点选取、监测指标及信息获取、监测周期确定和监测数据库建设。

三、创新要点

（1）解决了在数据难以全面完整获取的条件下，不同行政层级、不同空间类型的行政单元城镇土地等别的平衡和衔接问题。通过项目的研究推动，形成了有效的上下协调、左右平衡、互动反馈的技术和组织机制，如：以县级市为基本单元，保证各级建制市和一般建制县的城镇土地等别的平衡协调；以城市主城区所在辖区为基础，确保特殊空间类型的城市辖区的城镇土地等别与之有机衔接，使得全国市、区、县的城镇土地等别能纳入统一的体系之下。

（2）以空间分异理论为基础，研究中针对省级、地级、县级行政区域独自划分单元开展等别确定的方法，针对我国市、区、县各级行政单元进行全覆盖性研究，满足国家开展有关费用征缴工作的管理需求，适应了国家统筹区域发展的要求。

（3）采用 C# 语言及 ArcGIS Engine 平台建立了城镇土地等别调整信息系统，可以实现基础数据的管理、城镇土地等别测算过程的自动化、城镇土地等别综合平衡过程的自动化、城镇土地等别调整修订结果的保存和使用、城镇土地等别的动态监测等功能，能更便捷、更准确、更高效地完成城镇土地等别调整修订工作。

四、成果应用

相关成果被纳入《国土资源部关于调整部分地区土地等别的通知》（国土资发〔2008〕308 号），根据该通知，自 2009 年 1 月 1 日起，《工业项目建设用地控制指标》（国土资发〔2008〕24 号）和《全国工业用地出让最低价标准》（国土资发〔2009〕56 号）统一按调整后的土地等别执行。随后，2009 年 4 月，在《财政部 国土资源部关于调整部分地区新增建设用地土地有偿使用费征收等别的通知》（财综〔2009〕24 号）中，根据调整后的城镇土地等别，对部分地区的新增建设用地土地有偿使用费征收等别进行了调整。新增建设用地土地有偿使用费征收等别调整后，每个征收等别对应的新增建设用地土地有偿使用费征收标准保持不变，仍继续按照《财政部 国土资源部 中国人民银行关于调整新增建设用地土地有偿使用费政策等问题的通知》（财综〔2006〕48 号）的规定执行。

五、主要效益

研究成果以《财政部 国土资源部关于调整部分地区新增建设用地土地有偿使用费征收等别的通知》（财综〔2009〕24号）的形式下发，该文件要求“根据调整后的城镇土地等别，对部分地区的新增建设用地土地有偿使用费征收等别进行了调整”。据统计，2010—2016年，新增建设用地土地有偿使用费收缴有力地保障了土地整治工作的开展，极大地推进了耕地保护、土地管理参与国家宏观调控等工作，经济效益和社会效益显著。

第三篇

土地复垦与生态修复

- 土地整理质量与生态监测技术
- 煤矿损毁土地复垦与生态重建技术及其应用
- 土地整理项目的碳排放及其测算技术研究
- 松嫩平原西部土地整理的时空格局及生态效应研究
- 新疆土地整治项目区暗管改碱规划设计技术研究
- 煤矿复垦农用地跟踪监测评价与技术规范研究

土地整理质量与生态监测技术

一、成果概况

主要完成人：鞠正山、马道坤、彭建、吴健生、刘晓霞、王聪、王常宇、张亚男、吴劲松、韩伟

项目来源及编号：“十一五”国家科技支撑计划课题“土地整理质量与生态监测关键技术研究”（2008BAB38B03）

项目起止时间：2009 年 1 月—2012 年 5 月

知识产权支持及获奖情况：授权发明专利 1 项，软件著作权 2 项；获 2015 年度国土资源科学技术奖二等奖

二、主要成果

该技术成果主要依托“十一五”国家科技支撑计划“土地整理质量与生态监测关键技术研究”课题，针对土地整理质量和生态监测迫切需要建设标准化、规范化监测体系，解决从传统技术向现代技术转变过程中的技术瓶颈，从土地整理项目工程实施进展、田间土壤质量、隐蔽工程质量及质量评价四个方面开展了基于高分辨率遥感影像的土地整理工程信息提取与监测技术、基于探地雷达无损探测的土地整理工程质量监测技术、基于无线传感器网络的土地整理质量与生态监测技术和土地整理质量与生态评价技术等研究工作。取得的技术成果包括：开发了高分辨率遥感影像土地整理工程信息识别系统 1 套（图 1），研制了探地雷达土地整理工程质量无损探测装置 1 套，研制了土地整理质量与生态监测网络软硬件设备 1 套（图 2），研究提出了《土地整理质量评价与监测技术规范》等。授权发明专利 1 项，获得软件著作权 2 项，出版专著《土地整理质量动态监测与评价技术》1 部。

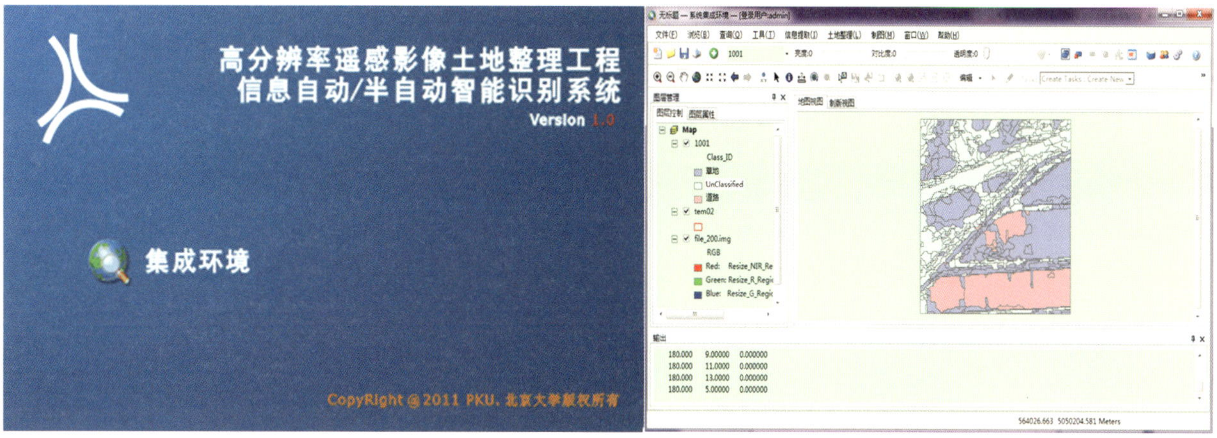

图 1　高分辨率遥感影像土地整理工程信息自动 / 半自动智能识别系统

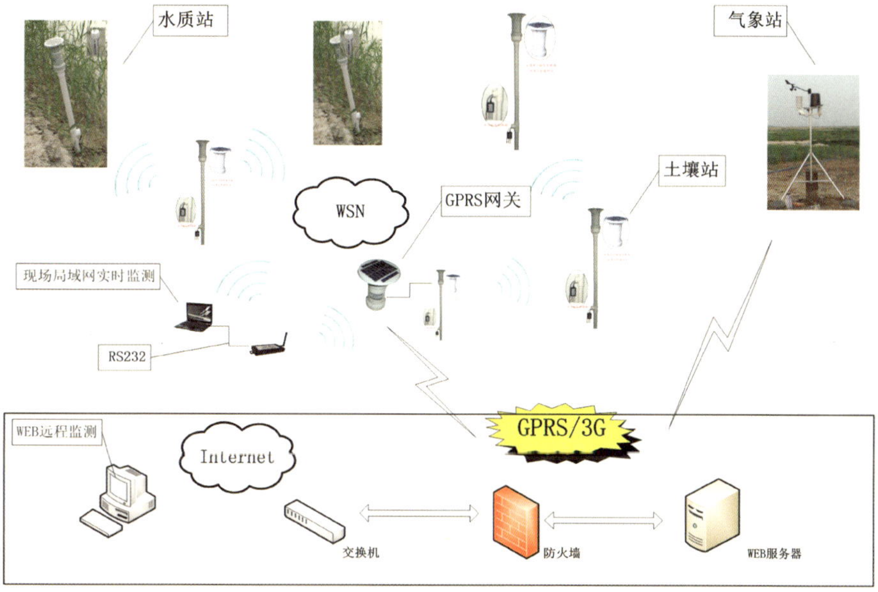

图 2　土地整理无线监测系统示意图

三、创新要点

（1）针对土地整理项目特点，研究了基于区域增长法的土地整理工程信息提取与分类算法，实现了土地整理工程的自动 / 半自动快速、高精度识别与信息提取，丰富和发展了高分辨率遥感影像信息提取技术应用领域。

（2）集成开发了具有自主知识产权的土地整理工程信息遥感影像自动 / 半自动智能识别监测软件，提高了土地整理工程信息提取和识别的智能化、自动化程度。

（3）研发了能量管理、低能耗休眠和路由技术，构建了适合土地整理生态环境监测需求的UniNet无线传感器网络技术体系。

（4）研制了SMET100土壤三参数复合传感器等系列无线传感网监测终端。

（5）建立了可视化的土地整理质量基础评价质量要素和指标体系，提出了土地整理质量可视化评价方法。

四、成果应用

1. 示范应用基地建设

为了加强技术成果的推广应用，进一步提高技术的成熟度，在吉林省大安示范基地的基础上，又分别在山东省东营农业高新区（原渤海农场）和新疆生产建设兵团27团扩建了两个上万亩规模的应用示范基地，开展遥感与无线监测技术应用的本地化研究。目前，这些基地正发挥着积极的示范应用效果。

2. 推广应用情况

项目研制出的专用传感器、无线布设技术及基于无线传感器网络的土地整理田间质量监测系统，经北京联创思源测控技术有限公司等4家企业引进并转化应用，在吉林、山东、江苏、新疆等省（自治区）的农林示范区应用推广，目前已完成推广应用项目23个，技术控制和辐射范围约50平方千米。

五、主要效益

1. 社会效益

土地整理质量与生态监测相关技术产品是针对行业需求所研发的技术成果，属于土地整理质量与动态监测领域高新技术产品，是我国土地整理领域重要科技支撑体系的有机组成部分，对利用高新技术手段推动土地整理动态监测发展具有重要意义。

项目研发的三项核心技术产品为土地整理工程实施动态监测提供了有效的技术手段和技术工具，拓展了监测方法，降低了监测成本，提高了监测效率，促进了土地整治技术管理的进步，成效显著。

随着物联网时代的兴起和“互联网+”模式的推广，项目研发的相关技术成果在土地整治领域将面临重要的发展机遇，对推动土地整治领域对接新的科技创新模式具有重要的现实意义和巨大的发展潜力。

2. 经济效益

经过具体核算，该技术的应用和推广已经取得以下经济效益：①设备生产销售企业，按每套设备售价为生产成本的5倍去计算，除去设备的损坏率和税务支出等，平均每套设备收入9600元；②种植户或企业节省能耗和劳动力获得利润，按使用该技术后平均节能30%、节省劳动力50%计算，每亩可实现节能150元、节约工资性支出200元；③企业销售自主研发设备获得利润；④用户采用土地整理质量与生态监测技术，平均每亩实现节支290元。

煤矿损毁土地复垦与生态重建技术及其应用

一、成果概况

主要完成人：罗明、王军、鞠正山、张清春、胡振琪、赵艳玲

项目来源及编号：国土资源部科技专项“典型矿山环境监测与土地复垦技术”（20040507）

项目起止时间：2004 年 1 月—2006 年 12 月

知识产权支持及获奖情况：2010 年度国土资源科学技术奖二等奖

二、主要成果

采矿业作为国家重要的支柱产业之一，为国民经济建设作出了重大贡献，也引发了土地破坏等一系列生态环境问题，制约了当地经济社会的可持续发展。长期以来，由于矿产资源开发等生产建设活动，大量土地资源因挖损、塌陷、压占等造成破坏。我国矿区土地资源复垦利用研究工作起步较晚，自 1989 年《土地复垦规定》颁布实施以来，土地复垦工作取得了一定成绩，但与世界先进国家矿区土地复垦率（65% 以上）相比差距依然很大，矿区的废弃土地复垦利用潜力巨大，迫切需要研究适合我国国情的、经济有效的土地复垦利用技术，提高土地复垦率和生产潜力，缓解人多地少的矛盾，改善人民的生产和生活条件。

1. 井工煤矿区损毁土地复垦技术模式研究

总结归纳现有土地复垦技术，提出煤矿损毁土地复垦和生态环境重建的技术体系，革新挖深垫浅复垦工艺。

在调研分析井工煤矿区损毁土地复垦技术的基础上，提出了采煤塌陷地非充填复垦技术中直接利用法、修整法、疏排法和挖深垫浅法的适用条件与技术工艺的优缺点（表 1）。

采煤塌陷地充填复垦技术模式包括煤矸石为填充物复垦工艺（图 1）和粉煤灰为填充物复垦工艺（图 2）。

表 1　挖深垫浅土地复垦工艺对比

复垦工艺	铲运机	挖掘机	泥浆泵
工作原理	利用铲运机挖土、运土和回填	挖掘机＋推土机联合进行挖土、运土和回填	水力挖土、输土和填土
适用条件	干燥无砂姜土壤，运送距离较长（>50 米）时	干燥土壤；无运送距离	表土为轻黏土或砂质土，且不含大粒径的砾石；有充足的水源，但不宜过远
优点	作业场地大，不受运输距离限制；操作方便，连续工作，速度快；铲运机前部的推斗可调整高度和方向，挖出的鱼塘较规则平整，易实现土壤重构	挖掘力强、速度快、适应性强；可连续工作；较易实现土壤重构	运送距离相对挖掘机长；易实现土壤重构
缺点	施工受积水和潜水位条件限制，对积水区需排水或打井降低潜水位，雨季需停工；为减少抽水费用，一般需长时间连续作业，工人劳动强度较大；对机械设备要求较高，复垦成本较其他工艺高	施工受积水和潜水位条件限制，对积水区需排水或打井降低潜水位，雨季需停工；为减少抽水费用，一般需长时间连续作业，工人劳动强度较大；无法运输，必须与运输机械联合作业	不能连续工作
复垦效率	挖土方 350 米^3/（天 · 台）	挖土方 200~300 米^3/（天 · 台）	挖土方 65 米^3/（天 · 台）
复垦效果	能保留熟土层，土壤养分损失较少；复垦后土壤有压实，需要深耕；复垦后土地能立即恢复耕种	能保留熟土层，土壤养分损失较少；复垦后土壤有压实，需要深耕；复垦后土地能立即恢复耕种	复垦后土壤含水量大，干结周期长，入渗慢；土壤结构被破坏；养分流失严重、肥力降低，需培肥

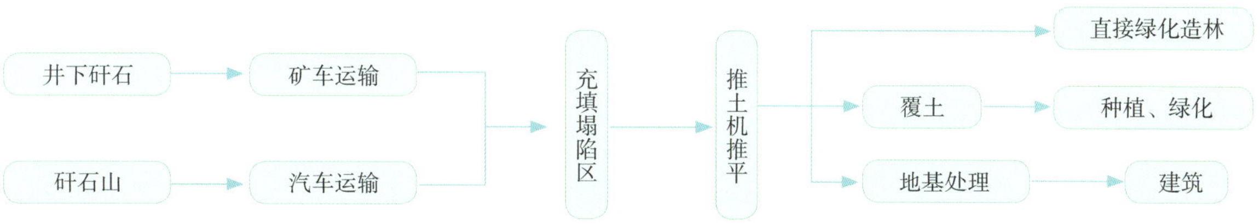

图 1　煤矸石充填塌陷区复垦工艺流程

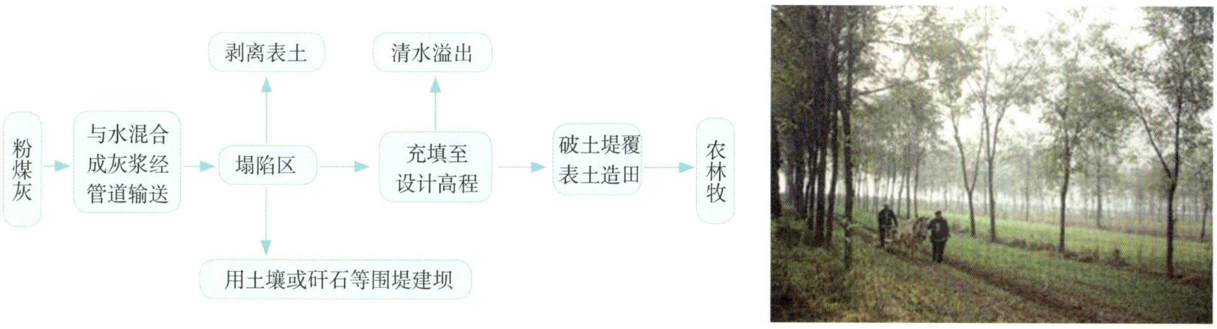

图 2　管道水力输送电厂粉煤灰充填塌陷区工艺流程和粉煤灰充填覆土复垦地

煤矸石山绿化技术模式依据恢复生态学原理，以森林培育学为基本理论和技术框架，基于我国煤矸石植被恢复的生产实践经验和成功的案例，提出煤矸石山植被恢复与生态重建技术模式（图 3）。

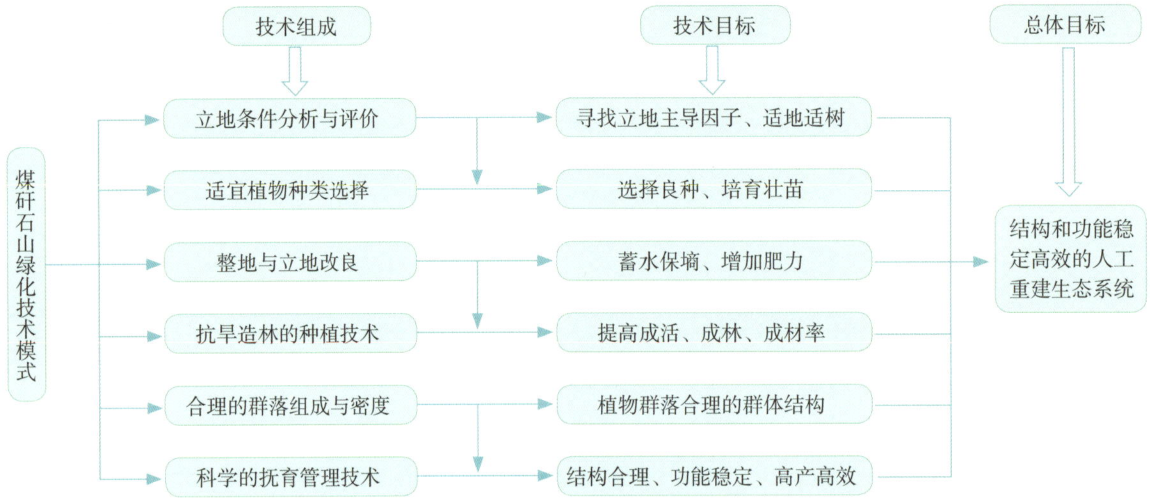

图 3　煤矸石山绿化技术模式

以“分层剥离、交错回填”的土壤重构原理为依据，构建了挖深垫浅中按块段划分和按条带划分两种施工方式下的土壤剖面重构模型（图 4），为高质量的农田复垦提供指导。

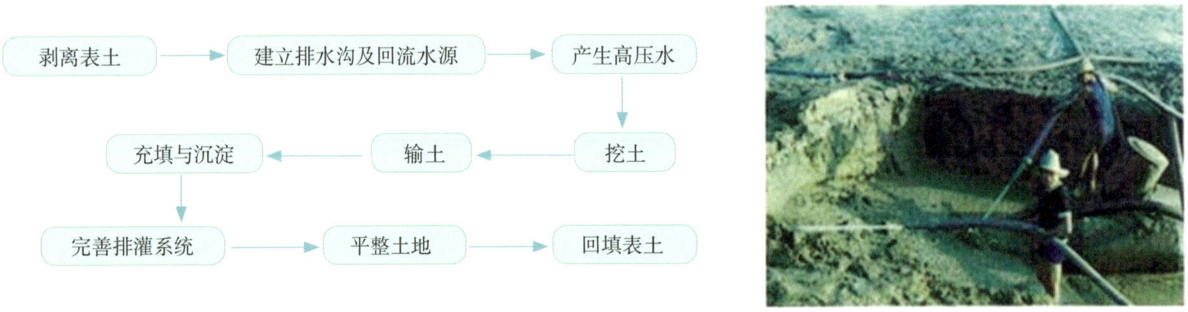

图 4　新的泥浆泵复垦工艺流程

2. 采煤塌陷地无害化充填复垦技术研究

参照已有技术模式，研究开发了“五工序”充填复垦技术，提出新的充填复垦技术工序（图 5）。

3. 露天煤矿外排土场地貌重塑与植被生态重建技术研究

研究提出外排土场地貌重塑技术主要包括外排土场基底构筑技术、外排土场主体构筑技术、排土场边坡构筑技术、排土场排水渠构筑技术、黄土母质直接铺覆技术和堆状地面排土技术。

外排土场植被生态重建技术主要包括先锋植物的引入和适生植物的筛选、植被配置模式、复垦地植被种植技术和抚育管理技术，提出了短期自养性原生植被演替、草灌乔相生植物群落演替（图 6）和草灌乔相克植物群落演替的植被演替模式。

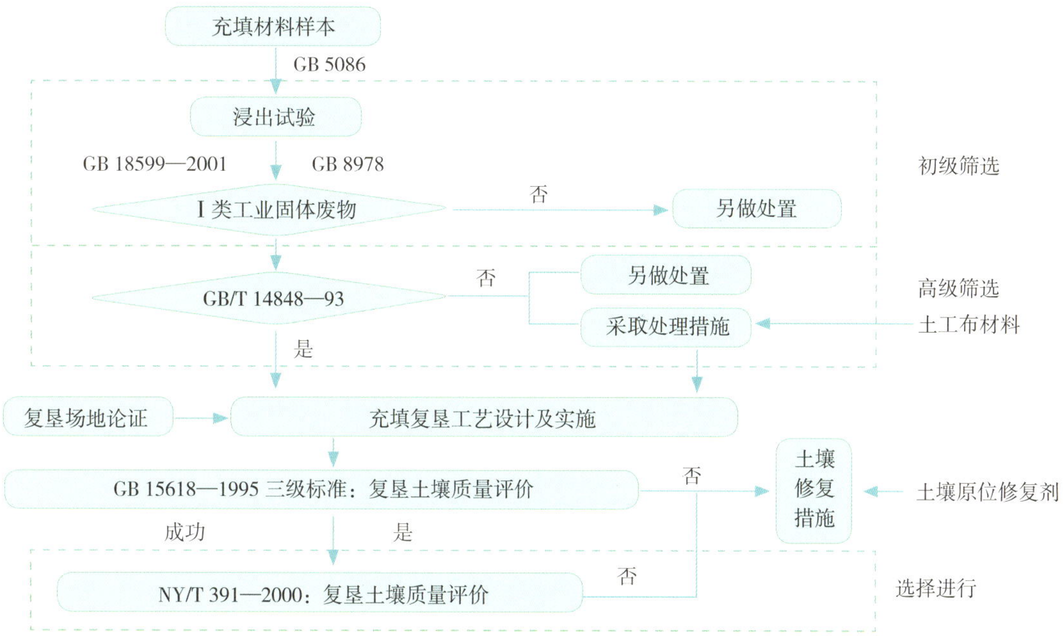

图 5　无害化充填复垦技术程序设计

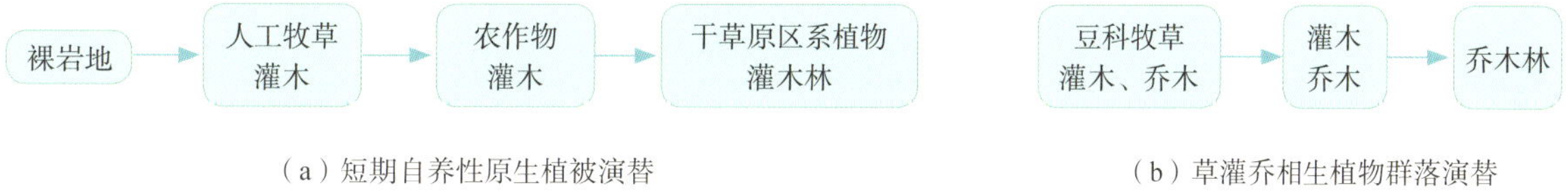

图 6　露天矿外排土场植被演替模式

三、创新要点

（1）系统归纳了现有煤矿区土地复垦技术，形成了采煤塌陷地非充填复垦技术、采煤塌陷地充填复垦技术和煤矸石山绿化技术三种技术模式，提出了统一的采煤塌陷地复垦土壤重构模型，形成了技术指南，成果已应用于相关政策文件的制定和土地复垦方案的编制与评审。

（2）开发了“五工序”采煤塌陷地无害化充填复垦新技术，筛选出防污染的土工布材料，研制了污染土壤稳定化原位修复剂，获得国家发明专利 1 项，使充填复垦土地环境风险大为降低。

（3）通过综合利用排土场基底构筑、主体构筑、边坡构筑、水土保持与排洪渠构筑等技术，实现土体稳定、水土保持和景观重建的外排土场地貌重塑；通过综合区域自然环境条件分析、植物种属筛选与种植技术研究等，构建了适宜的外排土场植被生态重建模式，有效降低了土壤侵蚀模数，加快了植被恢复的速度。

四、成果应用

1. 政策文件

项目的部分成果应用于国土资源部、国家发展与改革委员会、财政部、铁道部、交通部、水利部和国家环境保护总局等 7 部委《关于加强生产建设项目土地复垦管理工作的通知》（国土资发〔2006〕225 号）和国土资源部《关于组织土地复垦方案编报和审查有关问题的通知》（国土资发〔2007〕81 号）等文件中；有关成果应用于《土地复垦规定》（现已修订为《土地复垦条例》）中。

2. 技术规范

项目的部分技术成果已经应用于《土地复垦方案咨询论证技术要点》《土地复垦方案编制规程》《土地复垦工程建设标准》等技术标准的研制。

五、主要效益

项目在辽宁省阜新市和抚顺市、山西省大同市等地进行了示范应用，复垦耕地 48298.95 亩、林地 29970.9 亩、草地 517.35 亩。在山东省兖州市、安徽省淮北市等地进行了推广，取得了明显的经济效益。

项目成果为国家土地复垦政策、法规、文件、技术规范的制定提供了有力的技术支持，促进了土地复垦工作的规范有序推进；提出的土地复垦与生态重建模式对各地开展土地复垦工作具有重要的指导作用。

土地整理项目的碳排放及其测算技术研究

一、成果概况

主要完成人：郭义强、张亚男、王军、鞠正山、王力、黄妮、宋伟

项目来源及编号：国土资源公益性行业科研专项“土地整理项目的碳排放及其测算技术研究”（201311127）

项目起止时间：2013 年 1 月—2016 年 12 月

知识产权支持及获奖情况：获国家发明专利 1 项

二、主要成果

1. 土地利用变化及其碳储量变化研究

以巨鹿县、柏乡县 1996—2008 年间的土地利用数据为基础，分析了不同县域的土地利用变化动态度、信息熵值、土地利用结构多样性，研究了土地利用变化导致的碳储量变化情况。巨鹿、柏乡两县均存在农用地和未利用地减少、建设用地增加的特点，而且耕地数量减少是导致农用地数量减少的主要原因；不同的是增减变化的时期不尽相同。两县土地利用类型以耕地、居民点工矿用地和园地为主，土地利用内部结构呈现无序发展趋势，土地利用结构多样化程度较低。两县土地利用变化速度较为平缓，巨鹿县部分土地利用类型变化速度快于柏乡县。

研究区碳储量以土壤碳储量为主，约为 86%，总碳储量在研究期有所降低，呈现出建设用地碳储量增加、农用地和未利用地碳储量减少的趋势。无论是总碳储量还是土壤碳储量、植被碳储量，都与两县的土地利用变化有类似变化趋势。巨鹿县建设用地增加、未利用地减少导致其建设用地总碳储量增加 2.44×10^4 吨碳、未利用地总碳储量减少 3.47×10^4 吨碳，其中农用地总碳储量呈缓慢增加趋势，2008 年出现最大值 391.78×10^4 吨碳；柏乡县建设用地增加造成其碳储量增加 1.22×10^4 吨碳，农用地、未利用地数量减少导致其碳储量分别降低 1.67×10^4 吨碳、

0.18×10^4 吨碳。两县土壤有机碳含量和植被碳储量都与总碳储量有相同变化趋势。

2. 土地整理项目的碳排放诊断与测算技术研究

本研究按照不同类型土地整理工程、不同燃料，测算了土地整理施工中的碳排放，计算了土地整理前后土壤碳储量、植被（仅指玉米）碳储量变化情况。

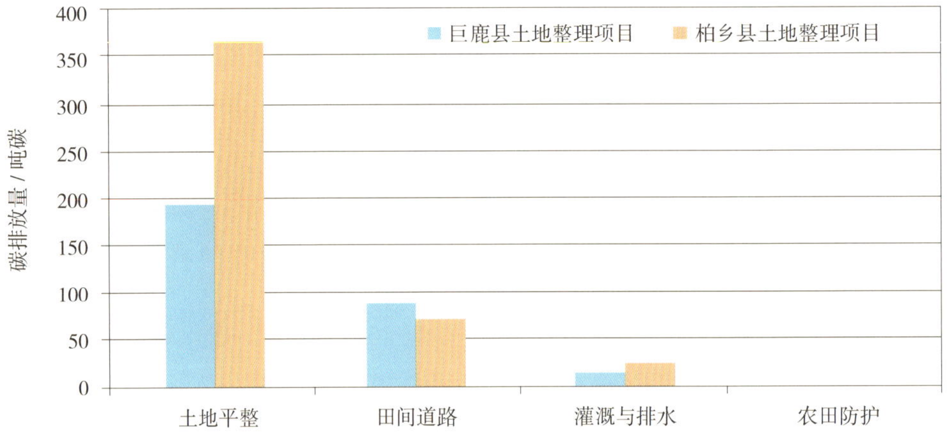

图 1　研究区不同土地整理工程的碳排放量

从工程类型看，土地平整工程是研究区土地整理项目的主要碳排放源，占施工过程中碳排放量的 60% 以上。巨鹿县王虎寨镇土地整理项目主要碳排放量源自土地平整工程（196.08 吨碳，占施工碳排放量的 64.53%），其次是田间道路工程（91.90 吨碳，占 30.24%），灌溉与排水工程产生的碳排放量较少（15.89 吨碳，占 5.23%）；柏乡县固城店镇基本农田整理项目土地平整工程碳排放量约 368.51 吨碳，占施工碳排放量的 78.45%，田间道路工程碳排放量为 73.71 吨碳，占 15.69%，灌溉与排水工程碳排放量为 27.55 吨碳，占 5.86%。

研究结果表明，短期内土地整理对项目区的土壤碳排放量影响作用不显著。两县土地整理项目区土壤碳排放总量要明显小于非土地整理区土壤碳排放总量，但单位面积的土壤碳排放量差异不大。其中，巨鹿县土地整理前后单位面积的土壤碳排放量均为 1.06 吨碳 / 公顷，没有发生变化；柏乡县非土地整理区、土地整理区单位面积的土壤碳排放量分别 1.23 吨碳 / 公顷、1.17 吨碳 / 公顷，土地整理后降低了 0.06 吨碳 / 公顷。相对而言，柏乡县的土地整理降低了土壤碳排放量，整理效果优于巨鹿县。

土地整理前后玉米的碳储量变化不明显，但是土地整理后玉米的叶面积指数、植株高度、干物质生物量略高于土地整理前，长远来看，土地整理将提高玉米的碳储存能力。虽然非土地整理区玉米地上植被碳储量总量大于土地整理区玉米地上植被碳储量总量，但是整理区和非整理区单位面积玉米碳储量相差很小，如土地整理后巨鹿县、柏乡县玉米碳储量分别增加了约 0.02 吨碳 / 公顷、0.01 吨碳 / 公顷，说明短期内土地整理前后对玉米的碳储量影响作用不明显。

3. 土地整理项目的碳减排技术优化研究

本研究引入单位投资额碳排放量（千克 / 万元）、单位投资比例的碳排放比率（%）等评价指标，进一步分析说明土地整理项目施工过程中的碳排放情况及其优化措施。一是土地整理项目区碳排放量主要受土地平整工程的土方量影响，与土地面积、投资总规模等不存在相关关系。不同土地整理分项工程的投资额度、投资比例与相应的碳排放量具有较高的相关性。二是就单位投资额碳排放量、单位投资比例的碳排放比率而言，土地平整工程最大，灌溉与排水工程最小，田间道路工程高于灌溉与排水工程，但远远低于土地平整工程（表 1）。

表 1　土地整理工程碳排放统计表

指标		土地平整工程		灌溉与排水工程		田间道路工程		农田防护与生态环境保持工程		总计
投资总额	巨鹿县	289.26	6.44%	2490.46	55.46%	1631.96	36.34%	78.59	1.75%	4490.26
万元	柏乡县	400.80	16.99%	1468.67	62.25%	417.51	17.70%	72.19	3.06%	2359.17
碳排放量	巨鹿县	196.08	64.53%	15.89	5.23%	91.90	30.24%			303.87
吨碳	柏乡县	368.51	78.45%	27.55	5.86%	73.71	15.69%			469.77
单位投资额碳排放量	巨鹿县	677.87		6.38		56.31		0.00		67.67
（千克碳·万元$^{-1}$）	柏乡县	919.44		18.76		176.55		0.00		199.13
单位投资比例的碳排放比率	巨鹿县	10.02		0.09		0.83				0.07
%	柏乡县	4.62		0.09		0.89				0.20

注：表中比例数为工程投资额和碳排放量占所在县总投资额和总排放量的比例。

三、创新要点

1. 发展了土地整理项目碳收支计量方法

针对土地整理施工碳排放难以量化、减排潜力测算方法缺失等问题，发展了土地整理项目碳减排潜力评估模型（图 2），设定了不同工程的低碳排放情景，在 IPCC 排放因子法的基础上，提出了低碳土地整理碳减排测算方法。针对土地整理前后碳储量测算方法缺失的问题，提出了整理前后土地利用类型变化的碳储量估算模型。根据不同土地利用类型选择区域化的植被 / 土壤碳密度参数，结合土地整理前后土地利用类型信息，实现对土地整理前后碳储量的测算（图 3）。

$$E_{施工} = AD_{活动水平} \times EF_{排放因子}$$

式中：

$E_{施工}$——土地整治项目施工中碳排放量 / 吨碳；

$AD_{活动水平}$——能源消耗量 / 10^{12} 焦；

$EF_{排放因子}$——基于净发热值单位燃料 CO_2、CH_4、N_2O 等的排放量 /（吨碳·10^{-12} 焦）。

图 2　土地整理项目施工碳排放测算模型

$$S_{地类} = \sum_{i=1}^{n} C_i \times S_i$$

式中：

i——不同土地利用类型对应的植被 / 土壤类型；

$S_{地类}$——不同土地利用类型的植被 / 土壤类型的碳储量 / 吨碳；

C_i——第 i 种植被 / 土壤类型的碳密度 /（吨碳·公顷 $^{-1}$）；

S_i——第 i 种植被 / 土壤类型的面积 / 公顷。

图 3　土地整理项目碳储量估算模型

2. 研究了不同土地整理工程的碳排放量

对于巨鹿县、柏乡县来说，土地平整是施工中的主要碳源，灌溉与排水工程碳排放量最少；两县土地平整碳排放量分别占施工碳排放量的 64.53%、78.45%；推土机推土是土地平整工程中的主要碳源，两县此项碳排放量分别占到土地平整碳排放量的 93.43%、96.18%，占施工过程碳排放量的 60.29%、75.45%。

3. 测算了土地整理中不同燃料的碳排放情况

巨鹿县项目施工过程中 97.84% 的碳排放量源于柴油，其中 96.86% 的柴油碳排放量来自土地平整、田间道路工程消耗的柴油；柏乡县项目 96.85% 的碳排放量源于柴油，其中 97.20% 的柴油碳排放量来自土地平整、田间道路工程消耗的柴油。两县由汽油产生的碳排放量占总量的 2%~3%，汽油消耗全部用于灌排水工程。

4. 分析了土地整理项目的碳减排潜力与碳收支情况

土地整理施工是主要碳排放源，土地利用变化将导致土壤和植被碳储量变化。土地整理区碳储量变化与新增耕地来源有密切关系，尤其是碳密度低转变为碳密度高的地类，将增加项目区碳储量。巨鹿县土地整理项目碳储量净减少 4464.17 吨碳，新增耕地源于园地；柏乡县土地整理项目碳储量净增加 278.81 吨碳，新增耕地源于未利用地和其他农用地。

四、成果应用

该项目成果“土地整理项目的碳排放诊断与测算技术”已应用于湖南省长沙市金井镇低碳土地整治项目中，以测算沟渠和道路工程施工中的碳排放量，为项目低碳减排提供了技术方法。未来的土地整理规划设计应逐步增加关于土地整理施工及土地整理前后碳收支变化的内容，届时可以为诊断和优化土地整理规划设计的碳排放效益，制定低碳型土地整理设计技术报告，实现低碳型土地整理设计提供数据参考，并将在一定程度上减少我国的碳排放总量，为促进我国节能减排提供技术保障。

五、主要效益

近年来，我国在全国范围内开展了大范围的土地整理、土地复垦工作，大量的未利用地转化为耕地、林地和草地，大量的中低产田转化为高标准农田。项目通过研究土地整理过程中的碳收支计算方法，有助于完善我国的碳排放收支测算方法技术体系。通过该成果计算我国土地整治乃至土地利用变化碳减排量，有可能通过碳交易产生部分经济效益。项目研究与成果整理提高了公众尤其是试验区农民对环境友好、节能减排的认识，为构建生态友好型社会和生态文明建设提供了前期基础。

松嫩平原西部土地整理的时空格局及生态效应研究

一、成果概况

主要完成人：王军、郭义强、邱扬、刘世梁

项目来源及编号：国家自然科学基金项目“松嫩平原西部土地整理的时空格局及生态效应研究”（41171152）

项目起止时间：2012 年 1 月—2015 年 12 月

二、主要成果

土地整理显著改变景观格局，对生态系统结构与功能产生影响。本项目以松嫩平原西部的土地整理项目区为研究区，采用遥感影像、野外调查（图 1）、GIS 空间统计及典范对应分析等方法，分析了土地整理影响下的景观格局、土壤属性和生态系统服务等的变化规律。

图 1　野外调研和取样

1. 土地整理的景观生态学原理与景观格局变化研究

土地整理会导致项目区景观发生改变，所涉及的变化包括土地利用类型和结构的变化、景观格局和功能的变化等，同时涉及景观格局对各种生态过程的影响。景观生态学作为一门研究景观结构、功能和变化的交叉学科，其原理和方法能应用于土地整理活动的全过程。与土地整理相关的景观生态学理论主要有：①土地整理区景观结构单元的空间镶嵌性理论，主要是指景观的“斑块—

廊道—基质”模式；②土地整理区景观异质性理论，主要是指土地整理过程中景观变化的时空异质性；③土地整理区景观格局与生态过程关系理论，主要包括多尺度的生态效应、边缘效应与生态交错带理论；④基于土地整理区生物保护的景观空间模式理论，主要包括岛屿生物地理学理论、复合种群理论、“集中—分散模式”理论的应用，还包括土地整理区景观安全格局的构建、土地整理区景观连接度模型的应用等。另外，系统理论、尺度效应、等级理论等作为景观生态学的基础理论，也被广泛应用于土地整理的相关研究中。

研究区土地整理后，耕地面积比例增加，盐碱地面积比例下降，同时林地、草地和其他用地面积减少，湿地面积增加，不同尺度上土地整理对景观格局变化的影响差异明显，年际增强型植被指数（EVI）呈增长趋势。土地整理前后的景观格局指数随粒度增加呈现单调上升或下降、先上升后下降和无规律三种变化趋势（图 2）；斑块数量、斑块密度、最大斑块指数等 8 个指数能用数学模型很好地拟合，斑块面积方差和 Shannon 多样性指数拟合效果差，斑块数量、斑块密度和景观形状指数整理后的拟合效果优于整理前，土地整理项目区景观格局分析的适宜粒度为 15~35 米。

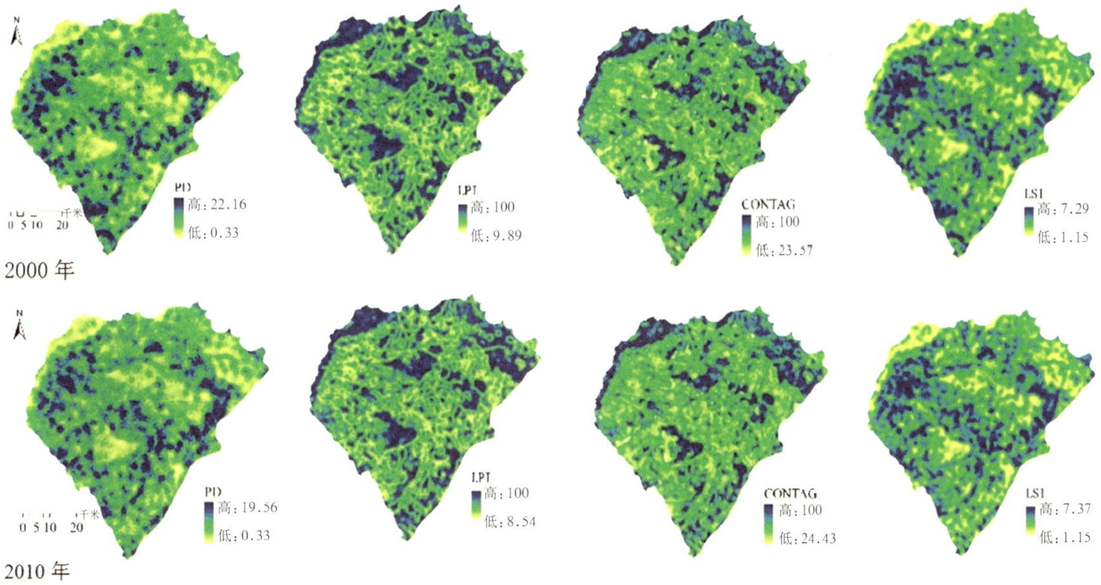

图 2　吉林省大安市景观格局指数空间分布特征

2. 土地整理对土壤属性变化的影响

项目分析了原耕地、盐碱地和新增耕地土壤电导率、阳离子总量、阴离子总量、碱化度、pH 和有机质等指标的差异。在 0~20 厘米和 20~40 厘米土层上，新增耕地土壤电导率显著低于盐碱地 44.9% 和 37.0%（$P < 0.05$），显著高于原耕地 35.7% 和 58.6%（$P < 0.05$）；新增耕地阳离子总量和阴离子总量均显著低于盐碱地（$P < 0.05$）；盐碱地土壤碱化度在 37.0%~38.2% 之间，pH

接近 10.0，为重度碱化土壤，新增耕地土壤碱化度在 18.0%~21.6% 之间，pH 低于 9.0，为中度碱化土壤，其土壤碱化程度与原耕地接近；新增耕地土壤有机质显著高于盐碱地 33.4% 和 61.3%（$P<0.05$），在 0~20 厘米土层上显著低于原耕地 21.5%（$P<0.05$）；新增耕地阳离子交换量比盐碱地提高 16.7% 和 25.1%（不显著，$P>0.05$），同时显著高于原耕地 4.8% 和 11.0%（$P<0.05$）（图 3）。典范对应分析表明，土壤盐渍化、肥力指标和土壤离子组成与样地类型分布存在着空间上的有序关系，样地类型由盐碱地向新增耕地的变化，在土壤理化性质层面是盐渍化指标降低、肥力指标升高的过程（图 4），在土壤离子组成层面是 HCO_3^-、CO_3^{2-} 和 Na^+ 等离子含量降低的过程。建议在土地整理中通过完善灌溉与排水系统，将土地平整工程与深耕深松和增施有机肥相结合及采用生物措施等，提升盐渍化土壤的改良效果。

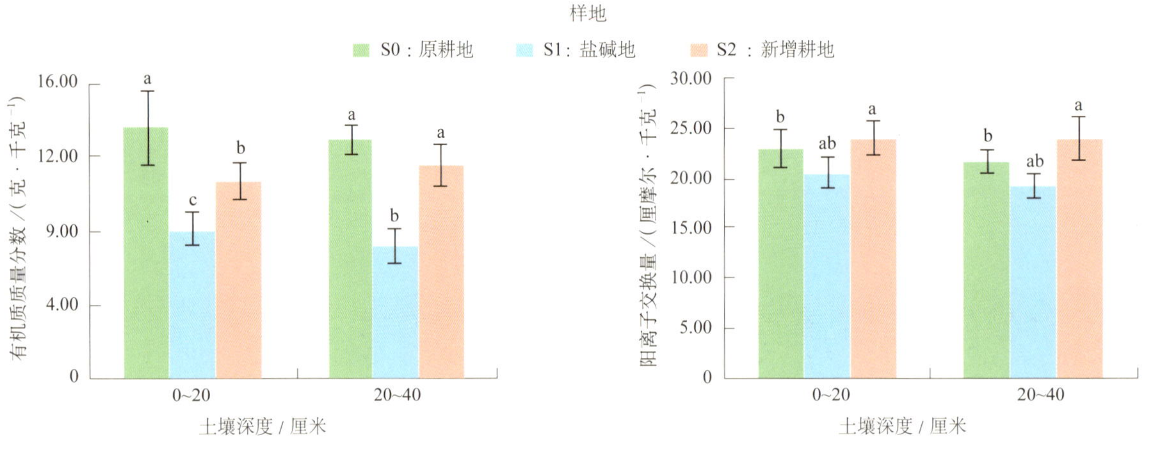

（a）土壤有机质　　（b）土壤阳离子交换量

图 3　不同样地土壤有机质及土壤阳离子交换量差异

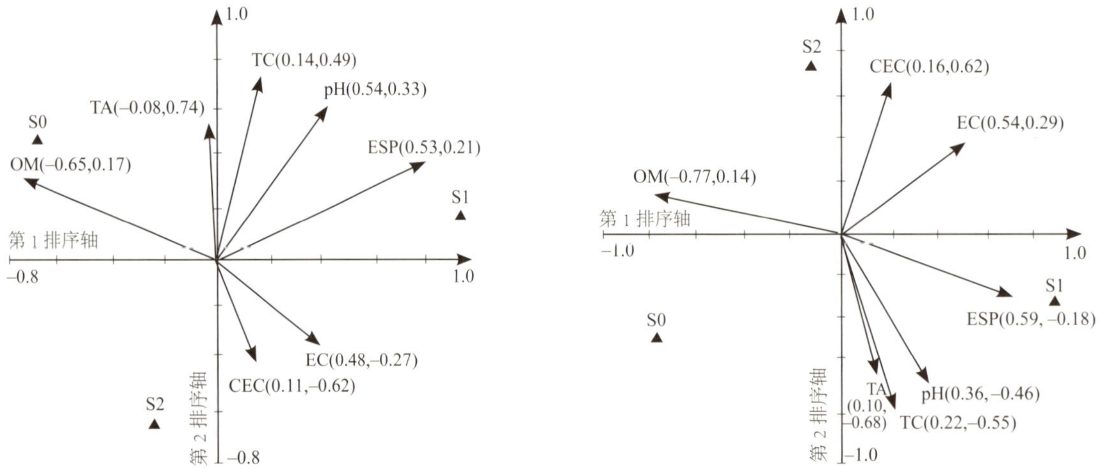

（a）土壤深度 0~20 厘米　　（b）土壤深度 20~40 厘米

注："▲"表示样地类型，括号中的数字表示指标与前两个 CCA 排序轴的相关系数。EC：电导率；TC：阳离子总量；TA：阴离子总量；ESP：碱化度；OM：有机质；CEC：阳离子交换量；S0：原耕地；S1：盐碱地；S2：新增耕地。

图 4　研究区土壤盐渍化、肥力指标与样地类型的 CCA 二维排序图

3. 土地整理对生态系统服务的影响

项目研究了土地整理对生态系统服务评价的影响，阐述了不同土地整理工程类型、特点及其产生的生态效应，论述了土地整理对不同生态系统服务功能的影响，结合当前生态系统服务价值理论的研究进展，从能值分析、物质量评价和价值量评价三个角度评价生态系统服务功能，并对比三者及其相关指标体系的异同点。同时，结合不同土地整理案例总结了不同的生态系统服务计算方法在土地整理项目中的应用效果，并提出了目前我国土地整理的生态系统服务价值研究中存在的问题及未来发展趋势。

项目计算了不同尺度的土地整理后生态服务价值变化，村域、镇域和县域三种尺度下，整理后的生态系统服务价值分别减少 10.5%、14.2% 和 33.1%，土地整理前后由于景观格局发生改变，整理区的生态服务价值与景观格局之间的关系也发生改变。在分析土地整理生态服务价值变化的基础上，利用改进的生态连通性指数分析了土地整理对景观生态连通性的影响，土地整理在改变整理区景观生态连通性的同时，也改变了不同连通性景观中土地利用的结构。土地整理后景观生态连通性改善并不明显，其中，具有较低生态连通性的景观面积占整个土地整理景观的 85% 以上，比土地整理前提高了 6.23%，土地整理后一些具有较高连通性的景观被分割。通过改进的生态连通性指数，能快速有效识别不同连通性的景观及连通性发生变化的关键区域。从提高生态功能入手，提出了土地整理的景观生态设计策略。

4. 土地整理的可持续评价

根据土地整理项目区的实际情况，构建了包括工程措施因素、经济因素、社会因素、生态因素、生产能力因素、管理机制因素等 6 个一级指标和 26 个二级指标在内的土地整理可持续性评价指标体系，运用层次分析法和模糊综合评价法（AHP—FCE）评价了吉林省大安市土地整理项目的可持续性。大安市土地整理可持续性评价结果为良，其中经济因素、社会因素和生产能力因素评价结果为优，工程措施因素和管理机制因素评价结果为良，生态因素评价结果为中。在后续的土地整理工作中，要加强田间道路、农田水利和生态环境保护等工程措施的改良和后期管理机制的完善，注重土地整理的景观生态设计，从水土保持、生物多样性保护、土壤污染防治和景观格局优化等方面提高土地整理的生态可持续性。

项目发表文章 18 篇，其中 SCI 文章 1 篇和 EI 文章 3 篇；培养研究生 3 名；参加国内外学术会议 8 次；项目负责人王军研究员入选国土资源科技领军人才开发和培养计划，参与人郭义强博士获得“国土资源杰出青年科技人才”称号。

三、创新要点

项目瞄准景观生态学和地理学"尺度—格局—生态效应"的国际前沿研究领域，采用野外实地调查与取样分析，统计分析与GIS技术相结合的方法，从不同时间阶段（整理前—整理后）和空间尺度（田块—项目—区域）上，研究土地整理的景观空间变异格局，分析不同尺度上土地整理景观格局对生态效应的影响，揭示多重尺度上土地整理景观格局及其生态效应变化机制。主要创新点有：基于景观生态学的空间格局和尺度变异分析，研究土地整理前后的空间变异特征；将空间格局与生态效应有机结合起来，探讨多重尺度的土地整理景观格局对生态效应的影响机理。

四、成果应用

一方面，研究成果丰富了景观生态学的理论方法与实践应用，并为土地整理的景观生态保护提供了科学依据和决策参考；另一方面，部分成果在吉林省大安市暗管治理盐碱地基地建设和监测及吉林省西部土地整理重大工程项目规划设计中得到了应用。

五、主要效益

在"世界地球日"、"全国土地日"和"全国科普日"活动期间，将项目取得的研究成果与其他相关成果进行宣传展示，增强了公众对土地整理的认知度和生态环境保护的意识，起到了良好的宣传作用。在2014年和2015年的全国科技活动周中，因表现突出，获得科学技术部的表彰。

新疆土地整治项目区暗管改碱规划设计技术研究

一、成果概况

主要完成人： 鞠正山、马金玉、王晓光

项目来源及编号： 2014 年国土资源部部门预算项目“土地整治实施监管与绩效考评”

项目起止时间： 2014 年 1 月—2014 年 12 月

二、主要成果

1. 探索暗管治理盐碱地技术在新疆推广应用的可行性

通过实地考察和典型土壤剖面理化性质分析，新疆盐碱地以硫酸盐和氯化盐为主，土壤 pH 不高，土壤通透性相对较好。在南疆地区，盐碱地多分布于水库、河流等边缘，地下潜水位较高，水土条件满足暗管治理盐碱地技术要求。相对于我国东部沿海盐碱地区，新疆几乎不受暴雨影响，农田没有防洪压力，其排水沟更适宜于用暗管替代。通过实地考察南疆、北疆主要盐碱地分布区，大部分盐碱地水土环境条件适合采用暗管治理盐碱地技术。

2. 完成了 1000 亩规模的基于暗管排盐模式的规划设计，解决了暗管治理盐碱地技术在新疆推广应用的关键技术问题

该规划设计在田间布置东西走向、间距约 30 米的吸水管，将过高的地下水排至项目区一条南北走向的集水管中。项目区 7 块条田内，每块条田平均布设 4 条吸水管，整个项目区共布设 28 条吸水管；集水管则垂直布设于吸水管西侧（图 1）。集水管中部布设一个潜污泵，将集水管内的水排至与集水管并行的西侧干排涵管内，干排涵管为项目建设前的干排明渠，项目实施后将干排明渠填埋，埋设直径 1 米的 PE 管涵排水。全程排水过程均由自动化阀门及监测设备控制。项目区在集水管中部潜污泵处建设一座管理房，集自动化检测设备和暗管治理盐碱地泵坑为一体。

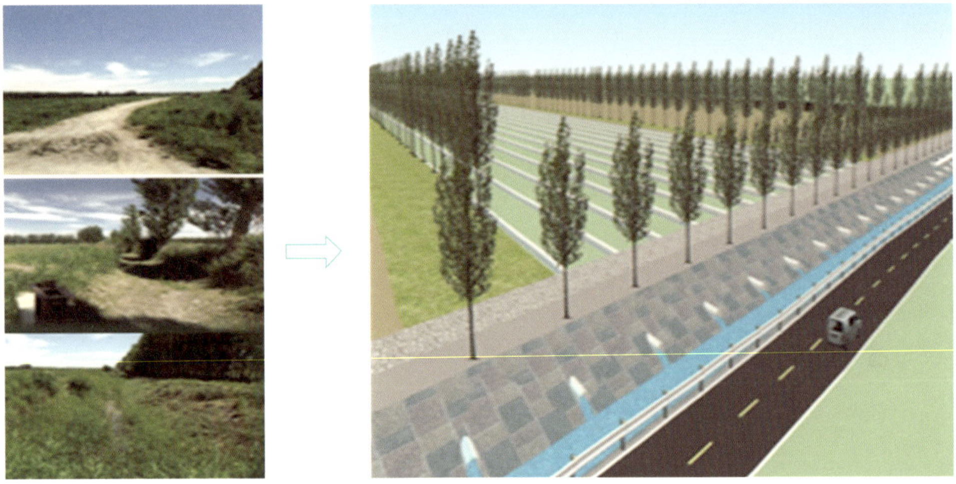

图 1　治理前后效果对比示意图

3. 在新疆建立了暗管治理盐碱地示范区，为暗管治理盐碱地技术在新疆的推广应用提供了示范窗口

项目区采用暗管治理盐碱地技术代替传统的明渠排水方式，在新疆生产建设兵团 27 团建设暗管治理盐碱地试验示范区，作为暗管治理盐碱地技术在新疆推广应用的窗口（图 2）。项目示范区的定位是建设成为高新技术支撑下的现代化高标准农田示范区，同时打造实现节地、节水和有效提升耕地质量的高标准农田样板工程，并以此为支撑，为在 27 团建设高效生态农业产业基地提供基础条件，成为新疆生产建设兵团发展高端农业的展示窗口。

图 2　暗管改碱技术新疆盐碱土地治理科技示范区现场图

三、创新要点

针对新疆土壤与水盐条件和新疆生产建设兵团27团盐碱地治理案例区，提出了基于暗管排盐技术的规划设计方案和暗管布设的关键技术参数。

四、成果应用

该研究成果在新疆生产建设兵团27团1000亩技术示范的基础上，又在新疆完成了6000亩拓展示范工作，取得了良好成效。当前正在新疆开展1万亩的示范应用工作，呈现良好的发展前景（图3）。

图3　治理后效果图

五、主要效益

在新疆示范区实现了节地10%、节水17.24%、增产44.58%，土壤平均排盐率达49%，地下水位控制在1.8米左右，部分实现了灌溉排水的循环利用，有效缓解了绿化林灌溉的生态用水需求，综合效益十分显著，为新疆盐碱地治理探索出了一条重要的现代技术实现途径。

煤矿复垦农用地跟踪监测评价与技术规范研究

一、成果概况

主要完成人：王军、郭义强、鞠正山、张亚男、周伟、白中科、张忠温、贺振伟

项目来源及编号：国土资源公益性行业科研专项“煤矿复垦农用地跟踪监测评价与技术规范研究”（201211084）

项目起止时间：2012 年 1 月—2016 年 12 月

二、主要成果

1. 煤矿复垦农用地跟踪监测的理论基础与现状

基于土地复垦方案和土地复垦质量控制内容，研究了不同煤炭基地土地损毁特征、复垦条件、土地复垦工艺和模式，分析了复垦方案实施期间表征土地复垦效果的指标和复垦效果提升的限制因素，明确了复垦方案实施期间为实现预期土地复垦效果需要控制的关键要素；根据典型煤炭基地的数据汇总与分析，利用时空动态分析方法研究了农用地复垦后不同年份的土地质量、产能与生态功能变化，剖析了复垦农用地土地退化问题，建立了土地退化的表征指标体系，为构建煤矿复垦农用地监测与评价技术规范提供基础。

2. 煤矿复垦农用地跟踪监测指标体系

基于土地复垦方案实施期间的地表形态、土壤质量、复垦效益，以及复垦后农用地的土地质量、生产效能和生态系统服务功能等，研究提出煤矿复垦农用地跟踪评价重点与内容，揭示了示范区土地复垦方案实施期间和复垦后耕地、草地、林地的土地质量演变及效益变化特征，形成土地复垦方案实施期间的地表形态、土壤质量、复垦效益，以及复垦后农用地的土地质量、生产效能、生态系统服务功能等方面的评价指标；从重构土壤、重建植被、配套设施和复垦效益四个方面选择与其质量和特性息息相关的指标，建立了黄土高原露天煤矿区复垦农用地监测指标体系（表 1）。

表 1 煤矿复垦农用地监测指标体系

指标体系			单位	耕地	园地	林地	草地
1. 土地复垦	地形	地面坡度	(°)	●	■	■	■
		平整度		●	■	■	■
	土壤质量	有效土层厚度	厘米	●	●	●	●
		土壤容重	克 / 厘米 ^{3}	●	●	●	●
		土壤质地		●	●	●	●
		砾石含量	%	●	●	●	●
		pH		●	●	●	●
		有机质	%	●	●	●	●
		电导率	0.1 西门子 / 米	●	●	●	●
	配套设施	道路工程		●	■	■	■
		灌溉设施		●	■	■	■
		排水设施		●	■	■	■
		林网		●	/	/	/
	生产力水平	单位面积产量	千克 / 公顷	●	●	●	●
	环境质量（Cd、Cr、Pb、As、Hg）			●	●	●	●
2. 复垦土地	全氮		%	●	■	■	■
	有效磷		毫克 / 千克	●	■	■	■
	速效钾		毫克 / 千克	●	■	■	■
	阳离子交换量			●	■	■	■
	pH			■	■	■	●
	土壤盐渍化			●	●	●	●
	植被覆盖度（郁闭度）		%	■	■	●	■
	造林保存率		%	●	■	■	■
	单位面积产量		千克 / 公顷	●	■	■	■
	公众满意度			●	●	●	●

注：●为必选指标，■为可选指标。

3. 煤矿复垦农用地监测评价方法的技术集成与创新

基于当前的煤矿区复垦农用地跟踪监测技术方法，采用文献分析法、案例分析法、时空替代法和系统分析法，形成煤矿区土地复垦方案实施期间及复垦土地验收后5年内土地复垦效果监测内容、监测指标、监测技术及评价方法；结合复垦农用地作物生长情况、林草覆盖状况与景观格局特征等复垦效益的监测内容、监测技术，基于土壤质量、土壤生产力、复垦土地分等单元等级变化、复垦效果综合评价方法，构建煤矿复垦农用地跟踪监测指标体系，并开展了单因素评价和综合评价；依据时空替换方法评估复垦验收后5年内不同年份的耕地产量与其他经济收益；利用生态系统服务功能方法评价林草地的物质生产、环境支持与文化服务功能。

4. 煤矿复垦农用地跟踪监测示范应用

选择黄土高原区典型露井联采煤矿为示范区，开展了煤矿复垦农用地的跟踪监测评价试验示范。煤矿区复垦农用地监测以平朔矿区为例，通过设置监测样地对复垦工艺与地貌重塑进行评价；复垦土壤质量评价以朔州市安太堡矿内排土场平台为采样点，开展了地面坡度、土地污染情况、土壤物理化学特征、土地生产力和研究区监测土地质量等分析评价；复垦植被监测评价以安太堡南排土场为例，构建指标遥感技术反演模型，形成不同指标的影像反演结果分布图，开展了不同植被的综合状况评价分析；土地质量监测综合评价以平朔矿区为例，采用空间序列代替时间序列的方法，构建了重构土壤的部分肥力指标、重建植被的植被覆盖度和复垦农用地生态环境价值当量等监测评价体系，分别对不同复垦类型的相应监测指标进行对比分析，并与原地貌用地类型进行对比评价。

图1　一体化流程图

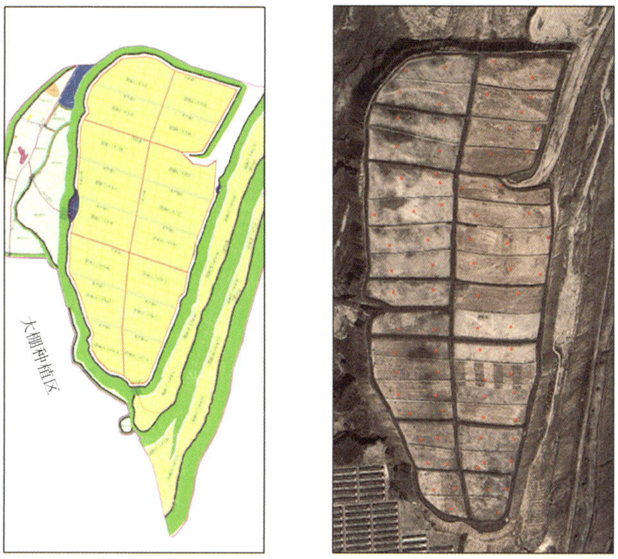

图 2　研究区土壤植被监测样点布设图

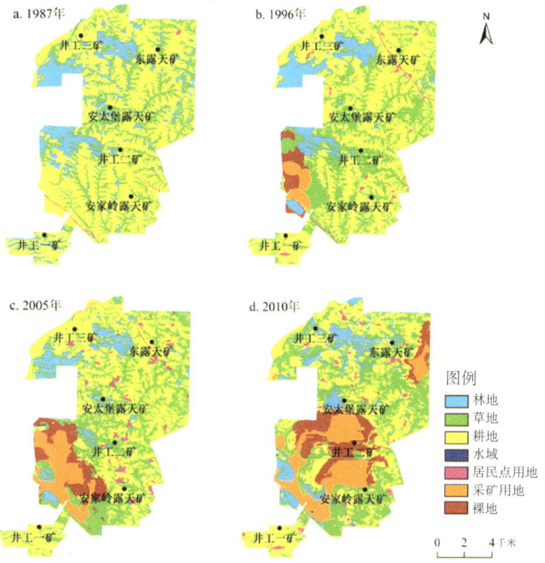

图 3　矿区生态系统服务价值评价单元

三、创新要点

1. 提出了土地复垦实施监测指标体系

在对土地复垦方案实施监测指标建立原则及具体土地复垦方案内容和监测项目分析的基础上，提出了以复垦进度、复垦土壤质量、复垦植被和复垦效益为主要监测内容的 39 个指标作为土地复垦实施监测的指标。

2. 构建了煤矿复垦农用地跟踪监测指标体系

针对目前复垦农用地监测缺乏有效监管的现状，在分析煤矿复垦农用地存在问题的基础上，依据《土地复垦条例》、土地复垦方案编制内容和《土地复垦质量控制标准》（TD/T 1036—2013）的要求，结合黄土高原煤矿区的土地损毁特点和特殊环境，构建了煤矿复垦农用地跟踪监测指标体系。

3. 形成了煤矿复垦农用地监测评价技术规范

以生态学、环境科学、土地科学、土壤学等为理论基础，并应用遥感、地理信息系统与全球定位系统等技术，基于国内外对比分析，结合矿区实地调研，提出了煤矿复垦农用地监测评价技术规范，编制《煤矿复垦农用地监测评价技术规范》（送审稿），强调了土地复垦和复垦土地监管的重要性，突出了不同阶段监测内容、评价方法的异同。

四、成果应用

该项目成果在山西平朔矿区进行矿区复垦农用地跟踪监测，对复垦效果进行评价，尤其是《煤矿复垦农用地监测评价技术规范》得到了很好的应用和实践。研究成果可在国内不同地域、不同类型的矿山推广使用，为矿区生态环境保护、区域生态建设、土地复垦规划提供决策依据，可提高矿区复垦土地生产率，促进土地复垦事业的健康有序发展，并可以优化土地利用结构和农村生产结构，促进脱贫致富，达到矿区经济效益、生态效益和社会效益的统一。

五、主要效益

研究成果将通过标准化的技术规范，使该项技术在全国推广，为矿山土地复垦用户提供技术支撑，从而收获直接或间接的经济效益；研究成果可以满足不同管理部门对矿区复垦农用地的实时监管需要，有效保障矿区土地复垦的效果，更好地维持矿区生态安全与土地资源可持续利用；研究成果有利于复垦地区的保水、保土、防风固沙、保持肥力，有效促进矿区生态环境的改善，为我国实现绿色矿山、人地和谐提供必要支撑。

第四篇

土地整治监测监管

- "互联网 + 土地整治"监管技术取得新突破
- "3S"技术在土地整治监测监管中的系统集成与应用
- 土地整治重大工程项目动态监测方法与技术研究

“互联网 + 土地整治”监管技术取得新突破

一、成果概况

主要完成人： 贾文涛、刘昊博、桑玲玲、王长江、高世昌、周同、张秋惠、孙春蕾、陈正、任佳、姚艳、张燕、李红举、汤怀志、谢彧

项目来源及编号： 2013—2015 年国土资源部部门预算项目“土地整治实施监管与绩效考评”

项目起止时间： 2013 年 1 月—2015 年 12 月

知识产权支持及获奖情况： 获得“土地整治监测监管应用平台 V1.0”等 15 项软件著作权

二、主要成果

1. 土地整治综合监管技术研究——信息集成应用研究

（1）目标任务：梳理现有监管工作业务规范和业务流程，形成土地整治综合监管业务模型；研究土地整治综合监管平台的技术框架和应用框架及接口标准；编写《土地整治综合监管信息集成应用报告》和《土地整治综合监管平台运行环境建设指南》，制作“土地整治综合监管平台应用模型（信息集成应用部分）”。

（2）主要成果：土地整治综合监管信息集成应用报告；土地整治综合监管平台运行环境建设指南；重大工程展示子系统，宁夏、新疆、湖南、湖北等省（自治区）重大工程项目数据库、需求说明书、系统详细设计、系统操作手册（图 1）。

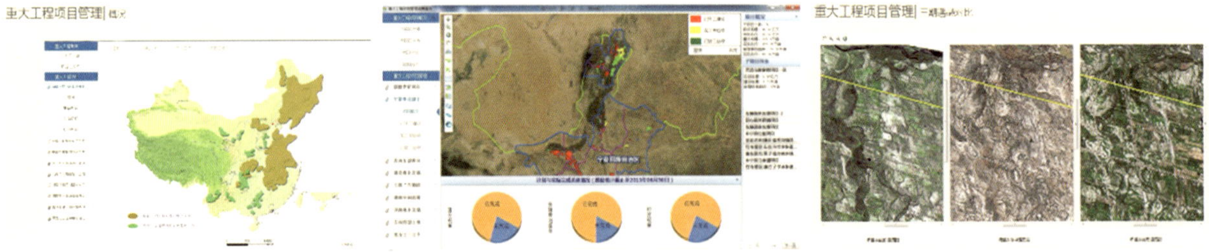

图 1　重大工程项目管理系统

（3）完成日期：2013 年 1 月—2013 年 12 月。

2. 土地整治综合监管技术研究——空间信息综合管理研究

（1）目标任务：研究土地整治各阶段空间信息更新方式、空间对比分析、共享服务等方式，研究形成总体框架、逻辑结构、功能定位、表现方式等土地整治空间信息应用的技术方案；土地整治空间信息及其应用研究，开发相关软件原型。

（2）主要成果：土地整治空间信息集成调研分析报告；土地整治空间信息应用研究报告；“十二五”土地整治规划省级数据库、需求说明书、系统详细设计、系统操作手册（图 2）。

（3）完成日期：2013 年 1 月—2013 年 12 月。

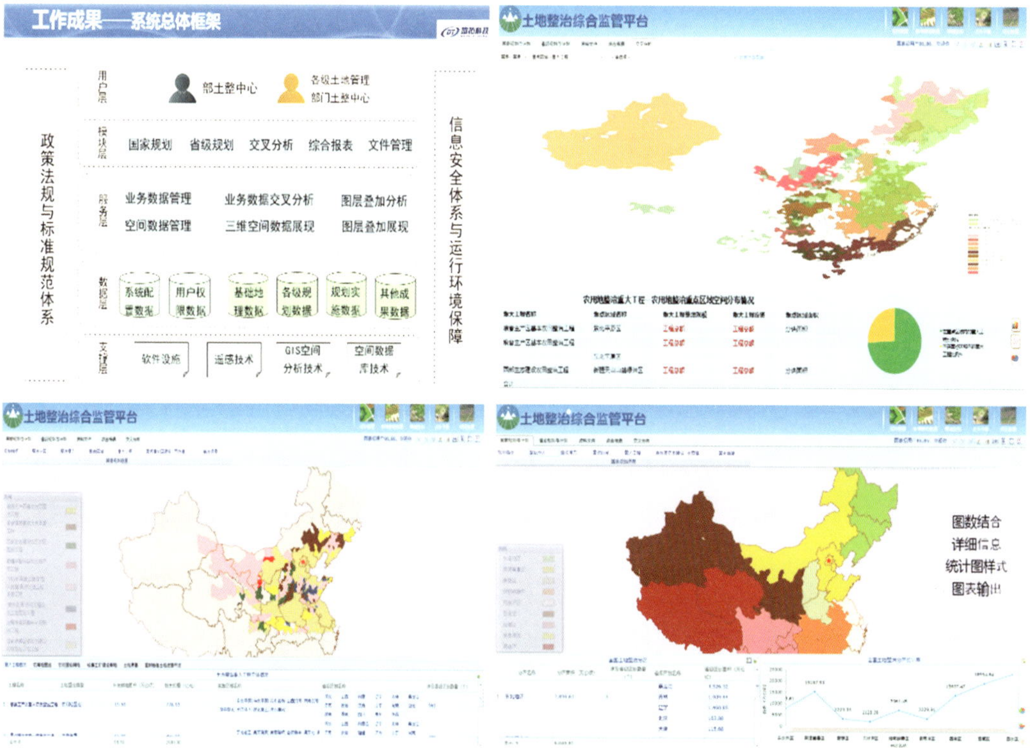

图 2 土地整治综合监管平台

3. 土地整治监测监管应用平台开发

（1）目标任务：作为监测监管工作的载体，平台架构和数据库建设要实现与国土资源综合监管平台和“一张图”核心数据库进行数据交换，二者相辅相成、互为补充，共同支撑土地整治日常监测监管工作。

（2）主要成果：完成监管平台主体开发，以及业务系统、通用功能、数据安全、用户权限控制等功能设定；完成综合数据库数据构建，实现平台业务子系统规划、统计、展示、数据浏览、规划图、现状图、验收图等文件综合管理（图 3）。

（3）完成日期：2014 年 4 月—2015 年 10 月。

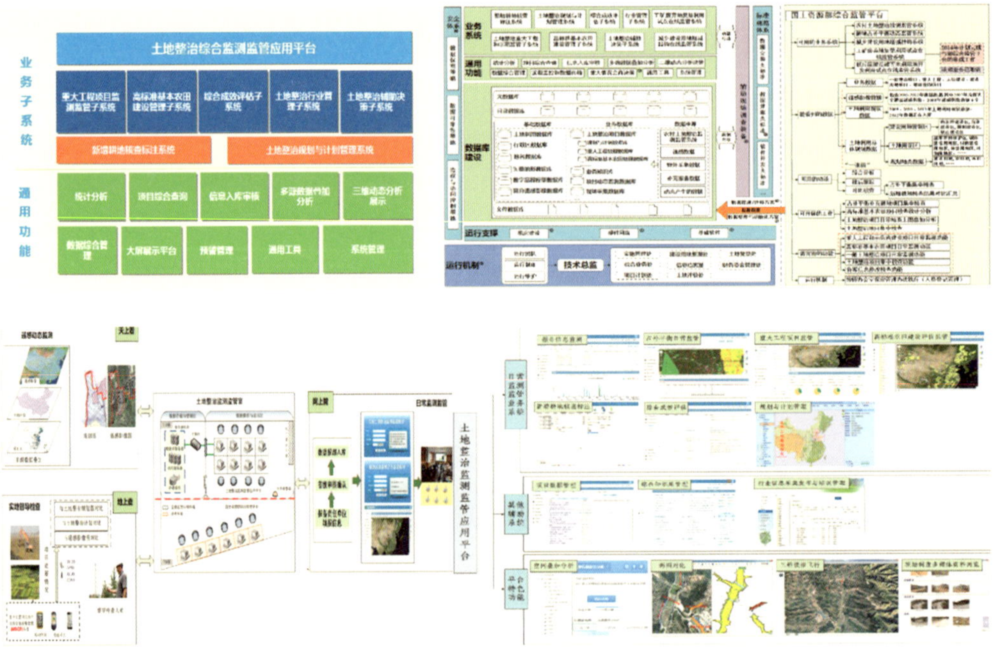

图 3　土地整治综合监测监管应用平台

4. 数据库建设

（1）目标任务：构建重大工程项目、一般土地整治项目数据库，同时对政策法规、行业规范等建立综合知识库作为补充，以满足现有业务需求，并具有一定前瞻性地构建行业管理数据库和基础地理信息数据库。

（2）主要成果：基础地理数据库、土地整治项目数据库、土地整治行业管理数据库、土地整治综合知识库（图 4）。

（3）完成日期：2014 年 6 月—2014 年 12 月。

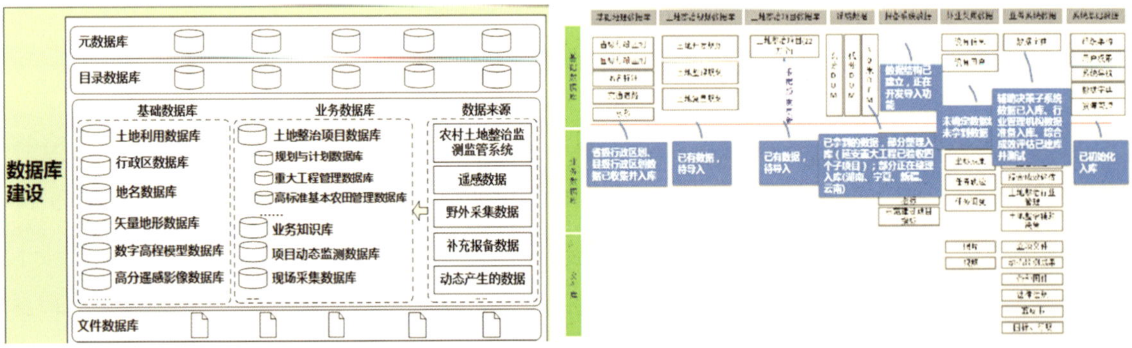

图 4　土地整治数据库建设

5. 通用功能软件开发

（1）目标任务：通用功能模块是应用平台实现的基础，通用功能为各监管子系统提供功能支撑。

（2）主要成果：共完成 8 个通用软件，分别为统计分析、项目综合查询、信息入库审核、多元数据叠加分析、三维动态分析、数据综合管理、重大情况会商决策、远程通信和数据传输软件。

（3）完成日期：2014 年 4 月—2014 年 7 月。

6. 重大工程项目管理软件开发

（1）目标任务：通过重大工程项目管理子系统的建设，实现对重大工程项目各阶段的综合监管。具体包括监管指标体系管理、实施方案审查、项目监管及档案管理。

（2）主要成果：共完成 4 个功能模块建设，包括监管指标体系管理、项目实施方案辅助审查、项目实施监管和档案管理模块（图 5）。

（3）完成日期：2014 年 5 月—2014 年 8 月。

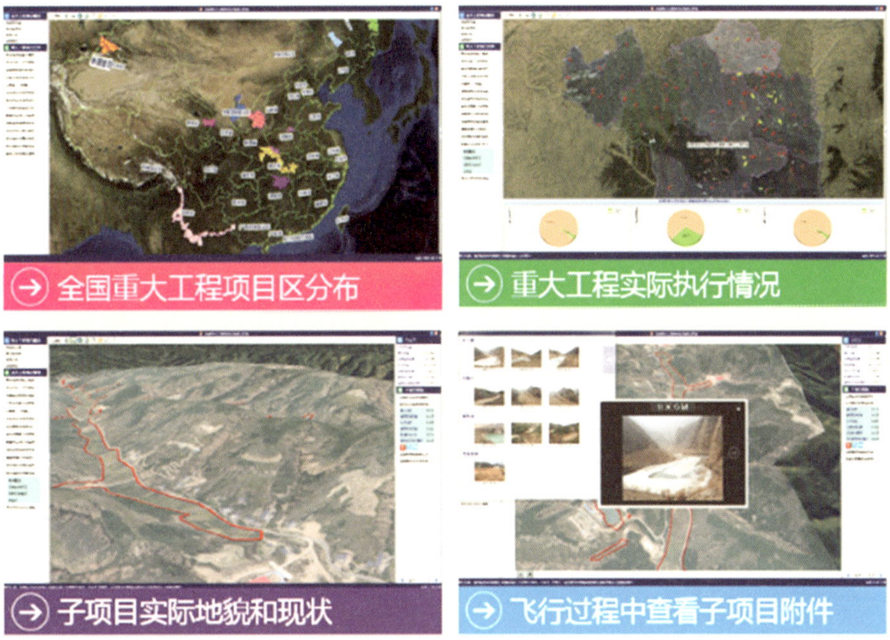

图 5 重大工程项目管理系统

7. 高标准基本农田建设软件开发

（1）目标任务：以农村土地整治监测监管系统采集并审核的数据为基础，利用 MIS、GIS 等技术开发高标准基本农田建设管理软件，实现对高标准基本农田建设各阶段的综合监管。

（2）主要成果：共完成 4 个功能模块建设，包括监管指标体系管理、规划及计划管理、项目实施监管和档案管理模块。

（3）完成日期：2014 年 10 月—2015 年 4 月。

8. 综合成效评估软件开发

（1）目标任务：综合成效评估软件满足项目从资金投入、预算执行、组织实施、项目管理、建设任务、产出效果等方面对某一类项目集合的各项绩效目标完成情况进行综合评估。

（2）主要成果：综合成效评估子系统包括评估指标体系管理、机器评估、评估管理、评估结果发布。

（3）完成日期：2015 年 3 月—2015 年 10 月。

9. 土地整治行业管理软件开发

（1）目标任务：对土地整治行业从业人员、中介机构单位和人员信息进行备案，规范土地整治市场秩序，保障土地整治事业持续健康发展。

（2）主要成果：包括 6 个功能模块，分别为培训信息发布、报名信息管理、从业人员资质备案、行业管理数据库、从业单位业绩备案和诚信管理模块。

（3）完成日期：2015 年 5 月—2015 年 10 月。

10. 土地整治辅助决策软件开发

（1）目标任务：土地整治辅助决策子系统是国土资源部土地整治中心各类法律法规、技术文件等成果资料的管理和应用软件，主要功能是对日常工作中形成的法律法规、技术标准和相关文件等成果资料进行综合查询。

（2）主要成果：包括 4 个功能模块，分别为成果资料存储管理、成果资料检索、成果资料查看和个人收藏（图 6）。

（3）完成日期：2015 年 4 月—2015 年 7 月。

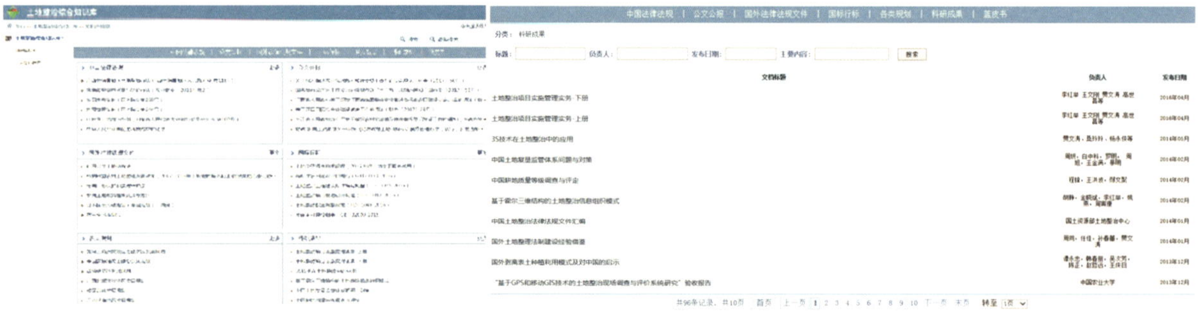

图 6　土地整治辅助决策系统

三、创新要点

1. 土地整治监测监管顶层设计理念落地，系统实现了监管手段的信息化

按照形成“天上看、地上查、网上管”健全项目全流程管理的总体思路，提出了一体化解决方案，搭建了信息化监管的软硬件环境，建设完成了国土资源部土地整治中心监测监管室和数据机房，提升了国土资源部土地整治中心的核心竞争力，强化了监管手段。

2. 研发了一批软件著作成果，提升了监测监管工作效率

研发了 15 个软件系统（图 7），分别为土地整治监测监管应用平台、高标准基本农田建设评价监管系统、土地整治规划与计划管理系统、土地管理政府信息公开辅助系统、土地整治项目报备信息监测分析系统、土地整治综合成效评估系统、土地整治综合成效评估填报软件、土地整治行业信息采集发布与培训管理系统、土地整治项目成果展示系统、土地整治综合数据管理平台、土地整治重大工程项目监管系统、土地整治现场调查评价系统、土地整治综合知识库管理系统、新增耕地核查标注系统、耕地占补平衡日常监管系统，提升了监管工作效率。

图 7　软件著作成果

四、成果应用

土地整治监测监管平台及相关系统软件部署在国土资源部土地整治中心监测监管室，目前数据库已完成了约 20 万个土地整治项目的数据入库，“十二五”土地整治规划数据、陕西延安治沟造地重大工程项目、宁夏重大工程项目 16 个子项目现状数据、规划数据、DEM、遥感影像、解译成果数据、现场调查数据（图形数据、视频、照片）及其他辅助文件资料的整理入库，以及宁夏重大工程两个子项目和湖南部分子项目的遥感影像整理入库；完成了包含我国法律法规、国外法律法规、公文公报、国标行标、各类规划、科研成果、调研报告、蓝皮书等内容的知识库文档入库；完成了涵盖国家级、32 个省级、264 个市级、1808 个县级的四级土地整治机构数据库，以及包含

15 次培训的土地整治培训数据库。目前，系统运行稳定，较好地支撑了国土资源部土地整治中心的日常监测监管工作。

五、主要效益

土地整治监测监管应用平台和综合数据库是对国土资源综合监管平台和"一张图"核心数据库的补充，二者相辅相成、互为补充，共同支撑土地整治日常监测监管工作。土地整治项目数据库、土地整治综合知识库、土地整治行业管理数据库、基础地理数据库支撑国土资源部土地整治中心占补平衡考核评价、省级目标责任考核、新增耕地核查标注和示范省项目评估考核等工作，极大地提升了工作效率和监管效率，凸显了国土资源部土地整治中心的软实力。

"3S"技术在土地整治监测监管中的系统集成与应用

一、成果概况

主要完成人：范树印、郧文聚、贾文涛、杨永侠、张漫、于丽娜、陈正、张秋惠、汤怀志、刘昊博、陈原、张中帆

项目来源及编号：国土资源部其他行政事业性项目（12110902010）；国土资源部、财政部安排的其他项目（12110813005）

项目起止时间：2002年2月—2013年12月

知识产权支持及获奖情况：获国家发明专利1项、软件著作权1项，出版专著1部（《3S技术在土地整治中的应用》）；获2014年度地理信息科技进步奖二等奖

二、主要成果

1. 进行了土地整治项目管理中应用"3S"技术的实用性分析

综合"3S"技术的应用成本、其他辅助手段和不同应用需求，对"3S"技术在土地整治项目管理中应用的各种方案进行经济可行性分析，探索提出了最佳应用模式。探索了项目区应用三维GIS数据源（DEM）的技术思路。分析论证了基于地形图建立DEM技术方法的精度影响和质量控制、评定方法，综合分析常规计算和计算机辅助计算方法，提出了利用项目区地形图构建DEM的技术路线和操作规范（图1）。探索了土地整治中应用"3S"技术的技术"门槛"，确定了技术应用范围，明确了数据获取途径和对数据精度的要求，为成果的广泛使用提供了有力支撑。

2. 设计了土地整治项目管理中"3S"技术应用的技术框架

项目全面总结了RS、GIS、GPS的技术特征，分析了与土地整治相关的多领域、多层次、多行业应用"3S"技术及其集成技术的重点方向、技术路线和技术要点；基于土地整治项目管理的

图 1　数字高程模型（DEM）在三维景观模拟、工程规划布设和土方量计算中的应用

技术需求，整合制定了"3S"技术从项目立项、规划设计、实施情况监测监管到竣工验收各阶段的实施方案和技术路线。

3. 开展了土地整治项目管理中"3S"技术应用的多项研究

探索了土地整治项目管理中开展 RS 技术应用的技术特征和精度要求。基于卫星遥感立体影像，综合考虑平原和丘陵两种地貌类型，开展了土地整治中应用 IKONOS 立体像对测图的精度、成本、效率分析和技术方案研究。针对土地整治项目传统测图方法费用高、效率低的难题，开展了基于 GPS 和激光的快速测图方法研究。全面总结归纳了常规计算方法（断面法、方格网法、散点法）的原理、适用范围、计算步骤，对运用 GIS 软件进行土方量计算的方法进行了系统研究。针对土地整治传统现场调查方法存在定位难、测量难、记录难等种种问题，将 GPS 技术、移动 GIS 技术进行集成，整合开发了一套支持土地整治现场调查的低成本、高效率、便携式、便利用的先进技术工具。针对传统检查评价方法只能目视判断，无法开展精确评价的问题，通过农田平整精度设计标准及施工工艺分析，结合农田高程信息快速采集方法，进行农田平整精度评价算法设计与系统实现。针对当前土地整治项目的特点，设计无人机遥感技术在土地整治项目规划设计、实施管理、竣工测量、监测监管等方面的一体化应用方案。

三、创新要点

1. 系统提出了"3S"技术应用于土地整治项目全程全面监测监管的技术方案

通过开展 RS、GIS、GPS 技术在土地整治项目申报立项、规划设计编制与评审、项目实施监管、竣工验收和后期管护评价中的应用实证分析，形成了“3S”技术应用于土地整治工作全过程的技术方案，编制了《土地整治“3S”技术应用手册》，成为近年来土地整治监测监管工作的重要技术参考。

2. 进行了两项土地整治项目测图技术研究

在汪懋华院士指导下，研发出基于GPS和激光技术的三维地形快速测量装置，获得了1项国家专利；制定了IKONOS立体像对应用于土地整治项目测图的实施方案和技术路线，为土地整治项目测图工作奠定了技术基础。

3. 突破了三项土地整治监测监管关键技术

通过对不同空间分辨率、不同类型遥感影像应用成本作对比分析，提出了遥感技术应用于土地整治项目不同管理阶段的实施方案和技术路线；第一次系统地提出了农田平整精度评价特别是坡式田块平整精度评价问题的解决方案，开发了相应软件；研发出基于GPS和移动GIS的土地整治现场调查系统，解决了野外调查检查工作中存在的定位难、测量难、记录难等问题，有效提升了调查工作质量和效率。

4. 形成了《土地整治项目工程量计算规则》（TD/T 1039—2013）和《土地整治项目制图规范》（TD/T 1040—2013）两项行业标准

基于GIS技术，进行土地平整土方量计算和土地整治项目制图方法研究，为项目设计和预算编制及审查工作服务，提高了土地整治工作的规范化和科学化水平。

5. 初步形成了“天上看、地上查、网上管”的土地整治监测监管技术体系

在土地整治具体管理工作中，集成研发应用“3S”、激光、网络等技术手段，初步建立了“天、地、网”一体化的监测监管技术体系，为推进土地整治事业规范健康发展提供了重要技术支撑。

四、成果应用

“3S”技术在土地整治领域的推广应用是提高土地整治工作水平、强化监管手段、提高监管能力的必然选择。作为一种高效获取和管理空间信息的技术手段，“3S”技术可以辅助土地整治项目管理人员判断项目的真实性、合法性、准确性、可行性，使项目决策更科学、更高效，为加大项目监管力度、提高项目管理的科学化水平提供了新的思路。

本项目研究攻克了土地整治监测监管实际工作中基础测图、辅助评审决策、日常动态监管、现场调查评价等诸多技术难题，形成了一批重要的研究成果，开启了国内土地整治信息化监管的新模式，不仅在地理信息成果研究、开发、推广、应用等方面作出了贡献，同时在促进土地整治相关技术发展和提高科学化管理水平方面也发挥了重要作用。本项目研究成果对推进“3S”技术在全国土地整治领域的推广应用发挥了重要作用，并奠定了技术基础，提供了经验借鉴，使土地整治信息化基础建设和应用系统建设实现了从无到有，并不断丰富和完善，逐渐成为国土资源信息化的重要组成部分。

五、主要效益

本项目研究成果在土地整治项目日常监管和占补平衡考核工作中得到推广应用，大大提高了监测监管工作质量和效率，使监管工作变得更高效、更主动，特别是在保障土地整治重大工程顺利实施方面，产生了显著的社会效益。在中央加快转变政府职能、进一步简政放权的大背景下，本项目研究成果将在国家层面上为各级各类土地整治项目的全程全面、集中统一、日常动态监管、实现土地整治国家目标提供全方位技术支撑。

土地整治重大工程项目动态监测方法与技术研究

一、成果概况

主要完成人：李少帅、陈原、李林、张超

项目来源及编号：2013 年国土资源部部门预算项目“土地整治实施监管与绩效考评”

项目起止时间：2013 年 1 月—2013 年 12 月

知识产权支持及获奖情况：获 2016 年度地理信息科技进步奖二等奖

二、主要成果

1. 研发了土地整治重大工程项目实地调查系统

为切实解决土地整治现场调查评价工作中存在的难题，提高土地整治调查评价和监管工作水平，研制了“土地整治重大工程项目实地调查系统”（图 1）。该系统利用移动互联技术、嵌入式 GIS 技术、GPS 技术和移动计算技术，充分分析土地整治项目实地调查的业务需求，针对土地整治各个业务阶段提供了地图导航、地块查询、GPS 测量、问题记录、现场拍照和数据汇总的功能，有效解决了土地整治项目外业调查人员定位难、测量难、记录难的问题。主要功能如下：

（1）移动设备中可以加载土地整治各个阶段的标准图件，包括矢量图、遥感图和 TIFF 图片，为实现各种图件的配准，研究并发明了“地理坐标投影变化方法”专利，在配准的图件上，实现目标导航，并随着用户的运动自动调整箭头，指示用户行进方位，解决了传统导航软件中由于没有实地数据不能导航的问题。

（2）针对遥感图片等大数据文件存放在移动设备上占用空间的问题，研究并发明了“图像编码方法和编码装置”专利，基于分形和小波混合编码方法，解决了图像近无损压缩问题，节省了移动设备的存储空间，可以使更多的土地整治图件保存在移动设备上，便于实地调查。

（3）为提高地块搜索速度，研究了基于倒排文件的空间索引算法，可利用地块的编码、地类、面积等属性进行检索，快速查找用户感兴趣的地块。

（4）GPS 测量。系统支持在步行和车载模式下，快速定位，快速测量行走路线的长度或行走范围的面积，并实时保存行走轨迹。

（5）现场记录，现场完成空间编辑。采用嵌入式 GIS 技术，对于现场发现的问题或需要记录的信息，支持空间编辑功能，实现点、线、面的编辑。

（6）利用移动设备可进行现场拍照，并将照片与现场记录关联保存，节省了整理照片的工作时间。

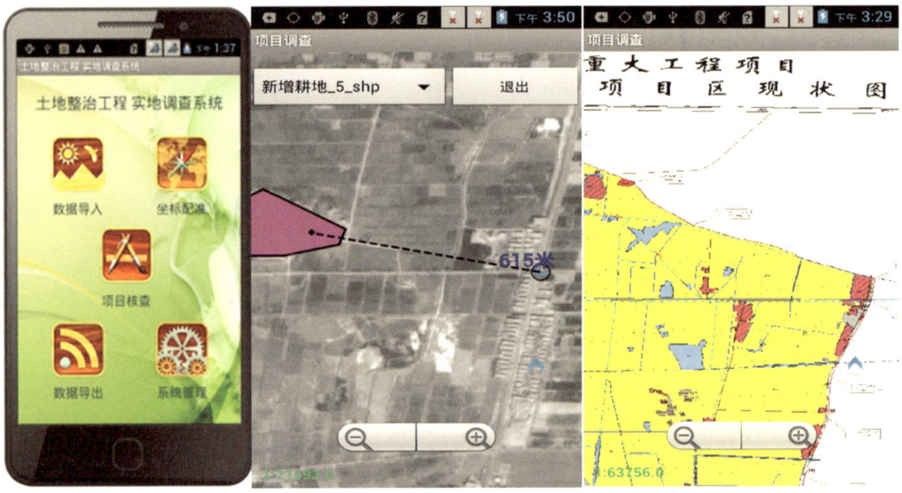

图 1　实地调查系统操作界面

2. 研究了高分辨率卫星遥感影像土地整治工程线状工程地物自动识别方法

在借鉴和总结国内外线状地物识别方法技术的基础上，结合农田基础设施的特点，通过改进相关方法和流程，实现了土地整治工程线状农田基础设施地物快速、有效地识别和提取。

三、创新要点

1. 研发了基于移动终端的土地整治工程实地调查系统，革新了原有的土地整治项目工程量复核方式

在工程量复核方式方面的创新点：由之前全面实地复核工程数量、按比例复核工程质量的方

式转变为室内通过遥感影像复核工程数量、通过移动终端对遥感影像无法识别的工程和一定比例的工程质量快速复核，缩短了工程量复核周期，降低了复核成本。

在土地整治工程实地调查系统研发方面的创新点：①为在移动终端实现遥感影像、规划图、现状图等图件的配准，研发了“地理坐标投影变化方法”专利，在配准的图件上，实现目标导航，并随着用户移动情况自动调整箭头，指示行进方位，解决了传统导航软件中由于没有地图坐标数据不能导航的问题。②针对遥感影像等图件占用数据空间大的问题，研发了“图像编码方法和编码装置”专利，使用基于分形和小波混合编码方法，实现了图像近无损压缩，节省了存储空间，提高了图像加载速度。③为提高目标地物搜索速度，研究了基于倒排文件的空间索引算法，可利用地物图斑的编码、地类、面积等属性快速查找目标地物。

2. 提出了适宜土地整治项目线性地物提取的遥感识别方法

在当前普遍采用的面向对象的高分辨率遥感影像信息提取技术的基础上，针对农田基础设施特点，加入了 Canny 边缘检测，避免了多尺度分割过程中的错分割现象。在提取灌排沟渠时，引入启发式图搜索方法，根据灌排沟渠的方向性（是否指向搜索的终点）、光谱值、光滑性（可通过曲率计算来估计）等启发性知识，实现灌排沟渠快速提取。首先得到初步的灌排沟渠，然后用图结构表示灌排沟渠种子点和灌排沟渠段，通过在图中搜索对应最小代价的通道以找到闭合边界，从而达到减少计算量、提高搜索效率的目的，实现灌溉沟渠的快速提取。针对研究区内的建筑物等细碎干扰地物，采用中值滤波的方法滤除，滤波模板为 5×5，结果表明，可有效去除细小地物的干扰。采用数学形态学方法对线状地物提取后的结果进行细化处理。针对提取后的地物边缘连接处存在单像素间断现象，引入了单像素断点连接的方法，有效地保证了提取的线状农田基础设施的完整性。将提取结果转换成所需的线状矢量数据后，每一线条经放大后发现在细微之处都有不同程度的曲折，此种情况造成了一定的数据冗余。采用 Simplify Line 进行数据简化处理，解决了高分遥感数据提取的线状农田基础设施提取结果的数据冗余问题。提取的道路和灌溉沟渠的准确度达到了 90% 以上。

四、成果应用及效益

1. 应用于部分省份重大工程的工程量复核工作，缩短了工程复核周期

海南省海口市南渡江流域土地整治重大工程、陕西省延安市治沟造地土地整治重大工程、宁夏中北部土地开发整理重大工程和新疆伊犁河谷地土地开发整理重大工程在开展遥感监测工作的

基础上，结合土地整治工程实地调查系统，对部分项目区开展了工程量复核工作，提高了工程量复核效率和精度，工程量复核周期较传统方式缩短了 50% 以上。

2. 应用于重大工程遥感监测内业解译工作，提高了工作效率

在开展重大工程遥感监测工作、分析土地整治项目建设任务完成情况时，利用线性地物自动提取技术识别项目区田间道路，在一定程度上减少了内业解译工作量，提高了解译效率。

第五篇

农用地质量调查监测评价

- 全国耕地质量等别调查与评定
- 耕地开发监管制度研究
- 耕地等级变化野外监测技术集成与应用示范
- 全国统一的按等级折算技术与标准研究

全国耕地质量等别调查与评定

一、成果概况

主要完成人：郧文聚、张中帆、程锋、苗利梅、王洪波、张蕾娜、陈桂珅、赵玉领、张凤荣、邱维理、吴克宁、赵烨、孔祥斌、安萍莉

项目来源及编号：2000—2010年国土资源大调查之“土地资源监测调查工程”中“全国农用地分等定级估价项目”；2011—2015年国土资源部部门预算项目“全国农用地质量等级更新调查评价与监测项目”

项目起止时间：全国农用地分等定级估价项目：2000年1月—2010年12月；全国农用地质量等级更新调查评价与监测项目：2011年1月至今

知识产权支持及获奖情况：“全国耕地质量等级调查与评定”获2012年度国土资源科学技术奖一等奖

二、主要成果

1. 建立了耕地质量等级调查评价技术方法体系，形成了农用地质量分等、定级、估价规程等三项国家标准

在总结多年理论研究和实践经验的基础上，建立了既可以评出在全国可比的、反映宏观地带性分异规律、长期稳定的耕地等别，又能精确反映县域范围内非地带性分异规律、体现短期人为活动影响的耕地级别，还有用货币形式表达耕地差异的耕地价格的耕地质量等级价调查评价技术方法体系，编制了《农用地分等规程》（TD/T 1004—2003）、《农用地定级规程》（TD/T 1005—2003）和《农用地估价规程》（TD/T 1006—2003），并于2003年以行业标准颁布实施，为全国在统一的技术规范下开展工作奠定了基础。三个规程在实践中不断检验完善，2012年全部上升为国家标准，其中《农用地分等规程》更名为《农用地质量分等规程》（GB/T 28407—2012）。

2. 开展了全国耕地质量等别调查评价，首次查清我国耕地质量状况，形成了基于第一次全国土地利用现状调查的全国耕地质量等别成果

通过实施国土资源大调查全国农用地分等定级估价项目，依据《农用地分等规程》，组织 31 个省（自治区、直辖市）开展了基于第一次全国土地利用现状调查的全国耕地质量等别调查评价工作，形成了全国报告、图件、数据库等成果。具体包括：《全国耕地质量等级调查与评定》全国卷及 31 个分省卷，《全国农用地分等标准耕作制度研究》、《全国农用地分等作物生产潜力指数研究》、《全国农用地分等因素指标及其诊断研究》、《全国农用地分等土地利用系数研究》、《全国农用地分等土地经济系数研究》等 5 本专著（图 1），《中国耕地质量等别图》（1 ∶ 450 万），以及含 657 万个县级分等单元的全国耕地质量等别数据库（图 2）。

图 1　全国耕地质量等别调查评价成果专著

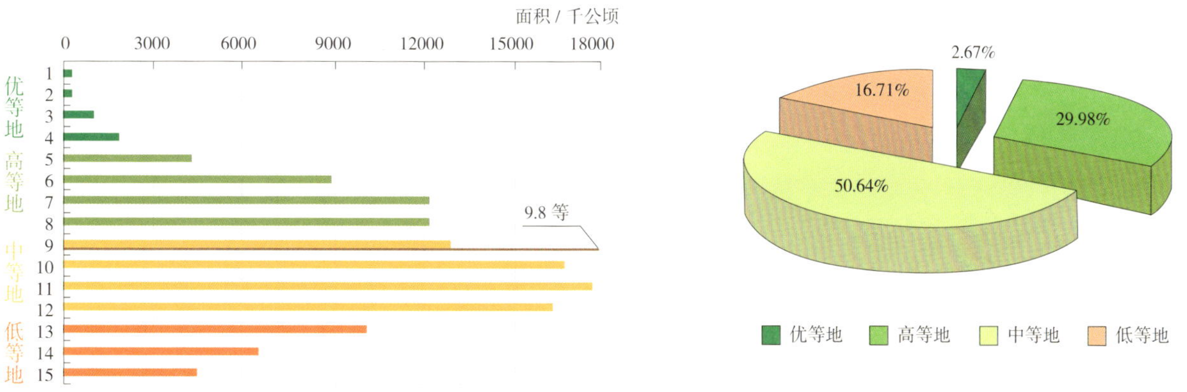

图 2　全国优高中低等地面积比例构成（2009 年发布）

3. 建立了耕地质量等别更新与监测评价制度，形成了基于第二次全国土地调查的全国耕地质量等别成果及两个年度更新成果

通过实施全国农用地质量等级更新调查评价与监测项目，2011—2013 年组织开展了 31 个省（自治区、直辖市）耕地质量等别全面更新评价工作，以第二次全国土地调查成果为基础，通过开展补充调查和更新评价，形成基于第二次全国土地调查的全国耕地质量等别成果，包括报告、图件，以及含 6206 万个县级分等单元的数据库等成果，并发布了公告；2014 年、2015 年分别组织开展了 31 个省（自治区、直辖市）基于年度土地变更调查的耕地质量等别更新评价工作，对年度内新增耕地、减少耕地、质量建设耕地的等别变化进行更新评价，形成年度全国耕地质量等别更新评价报告、数据库等成果，并发布了 2015 年成果公告（图 3、图 4）。

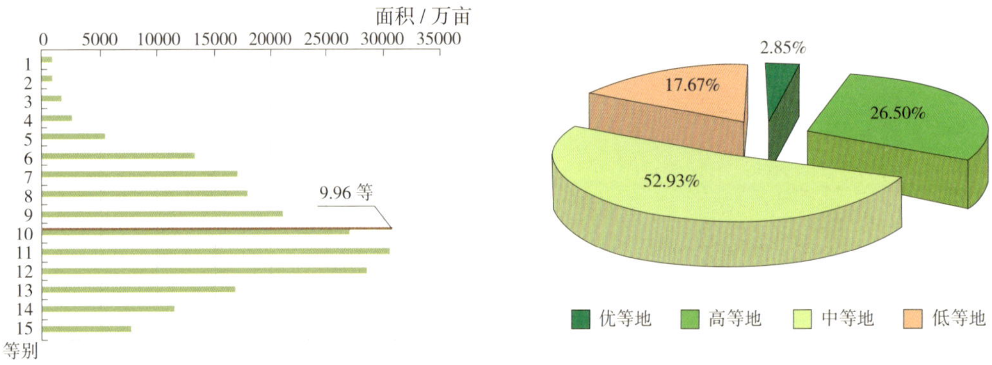

图 3　全国优高中低等地面积比例构成（2014 年发布）

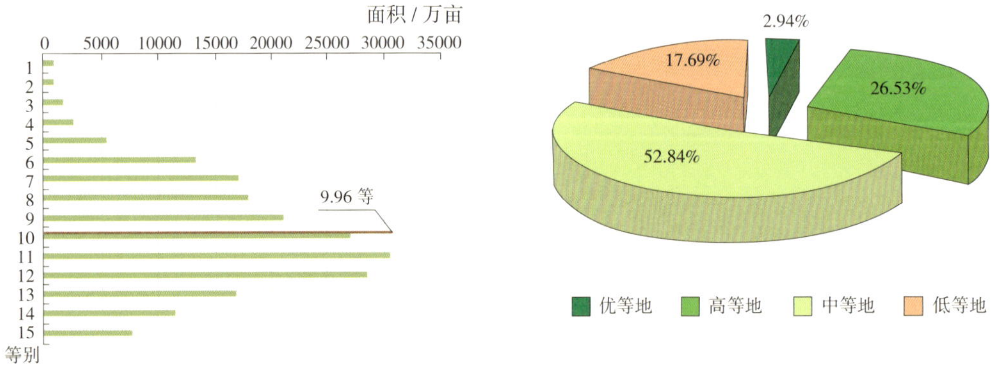

图 4　全国优高中低等地面积比例构成（2017 年发布）

三、创新要点

1. 创建了以产能为核心、多因素多层次定量化的耕地质量等别调查与评定技术方法体系，解决了全国耕地质量等别统一可比的问题

提出了根据耕地上最直接也是最核心的差异即生产能力的差异进行分等的总体思路，构建了

按照全国标准耕作制度，在测算作物生产潜力（$\alpha \cdot \beta$）的基础上，分区域选取地形、土壤、灌排条件、土地利用、投入产出等因素，通过测算土地自然质量分（C_L）、土地利用系数（K_L）和土地经济系数（K_C），进行土地自然质量、土地利用状况和投入产出水平的逐级订正，计算全国可比的分等指数，划分耕地自然质量等、利用等、经济等的技术方法体系（图5）。该方法体系以分层设计、参数控制、地块调查、定量计算为基本特征，与国内外已有的土地评价方法相比，具有以下特点：一是评价因素更综合，不仅考虑了土壤因素，还从更宏观的角度考虑了气候条件和利用水平等；二是全面实现定量化，所有评价因素都用参数表征，每个参数都有特定的计算公式，每个单元的评价结果都以指数形式体现；三是评价结果在全国范围内统一可比。

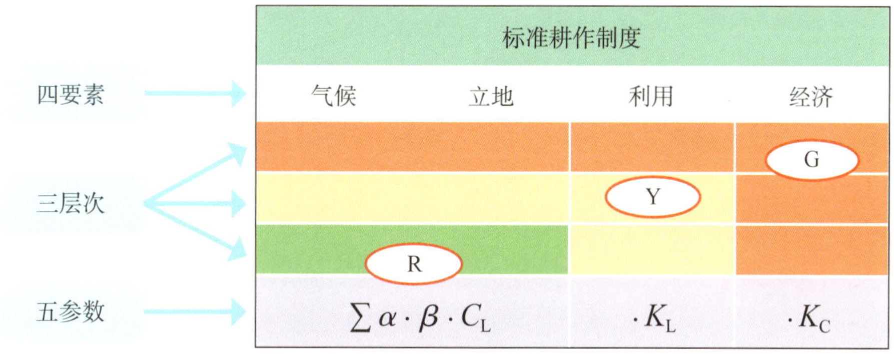

图5　耕地质量等别调查与评定技术方法体系

2. 构建了国家、省、县三级分层次、分难度设计工作任务的工作体系，解决了全国耕地质量等别调查与评定复杂系统工程的实施问题

按系统工程理论，依照参数计算“上繁下简”、技术操作“上难下易”、工作量分配“上少下多”的原则，分层次、分难度设计国家、省、县的工作任务，合理设置耕地分等工作体系。国家组织专家研究制定起宏观控制作用的参数，如全国标准耕作制度划定、作物生产潜力指数计算等，全国共划分了12个标准耕作制度一级区和41个二级区，并确定了每个县（市）的标准耕作制度和复种类型；测算了每个县（市）不同作物的光温（气候）生产潜力指数。这些国家级参数保证了等别的全国宏观控制作用和评价基础的准确性、一致性。各省（自治区、直辖市）组织专家制定起区域控制作用的指标，如指标区划定、评价因素选取、确定土地—作物的因素分值关系等。各县（市）完成具体分等工作，如对具体评价单元的调查、分值计算、等别划分等（图6）。这种工作体系的设置，确保了全国耕地质量等别调查评定工程的顺利实施，既提高了工作效率，又保证了成果质量。

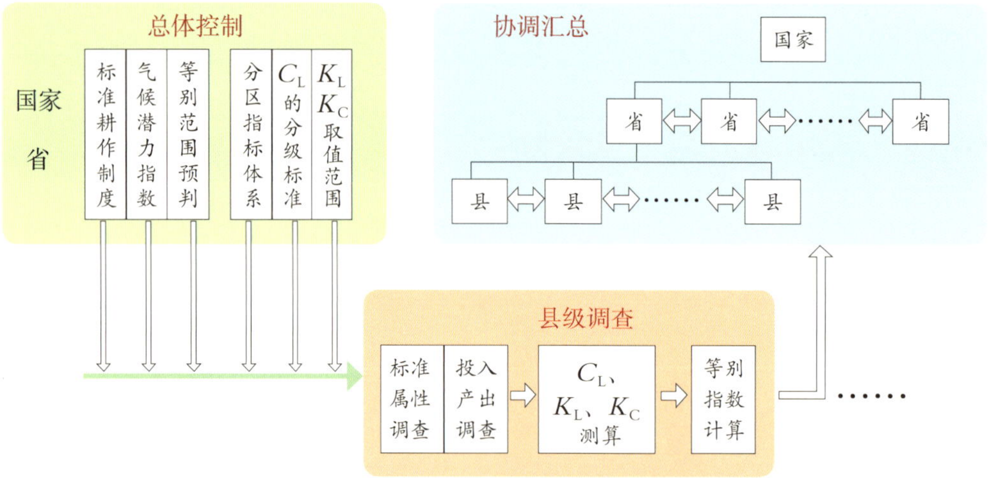

图 6　耕地质量等别调查与评定工作体系

3. 建立了县到省多对一空间追溯法汇总技术，实现了国家、省、县三级耕地质量等别数据库的互联互通

在全面完成县级评价单元分等因素调查和等别评定，构建统一可比的耕地自然质量等、利用等和经济等序列的基础上，创建了县到省多对一空间追溯法汇总技术，即在相同地类、等别的县级评价单元与相同地类、等别的省级汇总单元之间建立多对一的追溯关系，依据追溯关系确定省级汇总单元的等别、面积和相关属性。采用追溯法汇总，能够确保汇总前后地类不缺失、等别范围不收敛、精度不降低、面积不改变，而且可以从省级汇总单元追溯查询到对应的县级分等单元，实现等别数据的上下联动。在此基础上，汇总形成国家级耕地质量等别数据库，实现了国家、省、县三级数据的互联互通。

四、成果应用

耕地质量等别成果已在省级政府耕地保护责任目标考核、粮食安全省长责任制考核、自然资源资产负债表编制试点、全国土地利用总体规划、土地整治规划、永久基本农田划定、耕地占补平衡、土地整治与高标准农田建设等多方面得到应用，有力支撑了耕地质量保护与管理。具体体现为相关政策文件要求：

（1）《国务院关于严格规范城乡建设用地增减挂钩试点切实做好农村土地整治工作的通知》（国发〔2010〕47 号）要求，要依照耕地分等定级技术规范和标准，严格土地整治新增耕地质量评定和验收。

（2）《国土资源部关于提升耕地保护水平全面加强耕地质量建设与管理的通知》（国土

资发〔2012〕108号）要求，新建成的高标准基本农田要充分利用农用地分等定级等成果，按照相关标准进行质量等级评定。

（3）《国土资源部关于强化管控落实最严格耕地保护制度的通知》（国土资发〔2014〕18号）要求，土地整治补充耕地要先评定等级再验收，没有达到要求的不得验收。

（4）《国土资源部 农业部关于进一步做好永久基本农田划定工作的通知》（国土资发〔2014〕128号）要求，要按照城镇由大到小、空间由近及远、耕地质量等别和地力等级由高到低的顺序，划定永久基本农田。

（5）《中共中央 国务院关于加强耕地保护和改进占补平衡的意见》（中发〔2017〕4号）要求，加强耕地质量调查评价与监测。

五、主要效益

耕地质量等别成果在耕地保护相关领域的应用，切实提升了耕地保护水平，真正实现了耕地数量、质量并重管理。将耕地质量等别成果应用于土地整治、永久基本农田划定、耕地占补平衡等工作，将使土地整治和高标准农田建设成效得到量化考核，使永久基本农田划定更加科学合理，使耕地占补平衡中质量平衡考核有了依据。耕地质量等别成果的应用将有力促进耕地数量、质量、生态“三位一体”保护与管理，以及“藏粮于地、藏粮于技”国家战略的实施。

耕地开发监管制度研究

一、成果概况

主要完成人： 郧文聚、张中帆、赵玉领、程锋、张清春、陈桂珅、王洪波、张蕾娜、王巍

项目来源及编号： 2013年国土资源部软科学研究项目"耕地开发监管制度研究"（ND201348）

项目起止时间： 2013年6月—2013年12月

二、主要成果

1. 耕地开发现状分析

（1）耕地开发数量分析。1997—2008年，全国通过土地开发方式增加耕地的比例基本稳定在63.6%左右，最高为1997年的71.76%，最低为2005年的53.7%。据统计，2006—2012年，全国每年建设占用耕地面积均在300万亩以上，全国通过土地整理复垦开发补充耕地的面积每年基本稳定在400万亩左右。土地整理复垦开发一定程度上弥补了因建设占用减少的耕地面积，且补充耕地的方式中，土地开发一直占据主要地位（图1）。

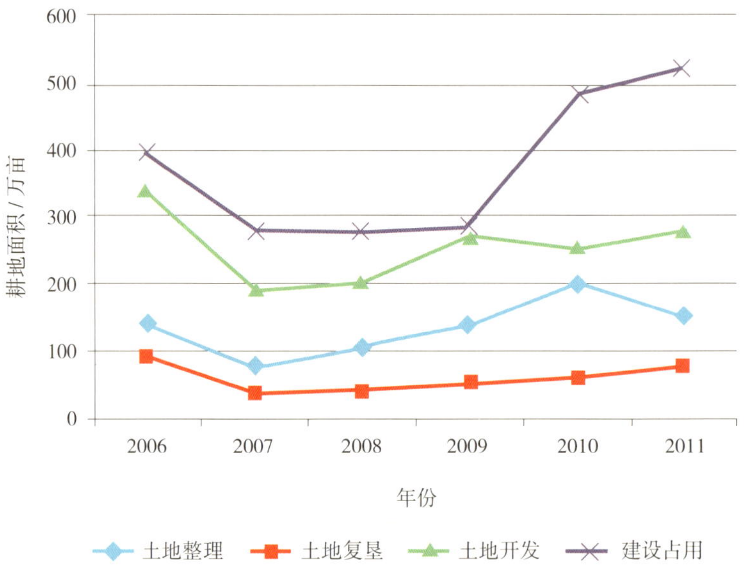

图1　2006—2011年全国耕地面积变化情况

（2）耕地开发质量分析。无论是用于占补平衡还是用于耕地总量平衡的补充耕地，质量不高一直是大家公认的问题。《关于第二次全国土地调查主要数据成果的公报》指出，我国优质耕

地减少较快，城镇建设用地大多占用城乡接合部的优质耕地，13 年间城镇用地增加 4178 万亩，大多占用优质耕地，仅东南沿海五省就减少水田 1798 万亩。《全国土地利用总体规划纲要（2006—2020 年）》指出，1997—2005 年全国灌溉水田和水浇地分别减少 1397 万亩和 449 万亩，而同期补充的耕地有灌排设施的比例不足 40%。

表 1 2003—2007 年建设占用与补充耕地情况对比表

项 目	2003 年	2004 年	2005 年	2006 年	2007 年
建设占用耕地有灌溉设施所占比例 /%	71	72	67	—	66
补充耕地有灌溉设施所占比例 /%	51	34	35	—	36

注：数据来源于全国土地利用变更调查报告（2003—2007 年）。

（3）宜耕后备资源开发潜力分析。以《全国土地开发整理规划（2001—2010）》中的潜力测算数据为基础，扣除 2001—2005 年间土地开发整理的消耗潜力，得出 2005 年底我国土地开发可补充的耕地潜力为 7545.30 万亩。从全国区域分布来看，有一半以上可补充耕地集中分布在西北干旱地区，占 51.36%；其次是东北地区，占 17.37%；黄土高原地区占 10.86%；长江中游、东南沿海、黄淮海三个光热水土等自然条件相对较好的地区，耕地开发潜力仅占 13.96%。

2. 耕地开发质量实例分析

（1）广东省化州市耕地减少与补充耕地质量变化情况分析。2012 年，化州市因建设占用减少耕地面积为 81.44 公顷，自然质量等 1~6 等均有分布，其中以 2 等地最多，占减少耕地总面积的 75.86%。2012 年，通过土地开发增加耕地面积为 507.37 公顷，自然质量等主要分布在 3~6 等，相对于建设占用减少的耕地等别，灭失了 1 等地和 2 等地，补充开发的耕地等别相对较低。

（2）北京市大兴区耕地减少与补充耕地质量变化情况分析。2012 年，北京市大兴区因建设占用减少耕地面积为 284.62 公顷，自然质量等分布在 8~9 等，其中 8 等地面积为 236.93 公顷，占减少耕地总面积的 83.24%。2012 年，通过土地开发增加耕地面积为 227.99 公顷，自然质量等分布在 8~9 等，其中 8 等地面积为 73.98 公顷，仅占减少 8 等耕地面积的 31.22%。

（3）福建省建瓯市耕地减少与补充耕地质量变化情况分析。2012 年，建瓯市耕地面积减少 193.36 公顷，其中，减少水田 182.35 公顷，占耕地减少总量的 94.31%，其中主要是建设占用，面积为 148.42 公顷，占 76.76%。通过土地整理复垦开发增加耕地面积为 84.35 公顷。从年度耕地净增减变化量来看，水田净减少 118.94 公顷。

3. 耕地开发中存在的问题及分析

（1）开发耕地质量相对不高。建设占用耕地位置大多选择在地势平坦、交通便利、土壤肥沃、区位条件优越的城市郊区或交通干线两侧。相对于建设占用的耕地来说，补充的耕地多位于偏远地区。区位条件的不同必然导致补充的耕地和占用的耕地在质量和产出水平上存在差异。

（2）缺乏生态环境保护理念。一些地方在“保耕地”与“促发展”之间寻求平衡点，重视耕地开发的数量，忽视对生态影响的评价和规划，努力“造地”，土地开发一味追求新增加耕地的数量，没有按照“宜耕则耕，宜果则果，宜林则林，宜水则水，宜草则草”梯度开发的原则，一边造地，一边撂荒，导致部分地区生态环境面临着严峻考验。

（3）监管机制存在缺陷。在实际补充耕地的执行中，基本上是占用耕地的单位缴纳一定的耕地开垦费后，相应的补充耕地义务直接落到各地国土资源管理部门。由于监管机制的缺陷，致使国土资源管理部门担任的角色既是运动员，也是裁判员，既要为地方政府保障经济发展提供用地指标，又要代替建设单位履行补充耕地义务，并同时承担补充耕地带来的各项问题和责任，致使全社会保护耕地的共同责任仅仅成为一句口号。

（4）补充耕地指标市场化运作不规范。目前，从全国来看，开展补充耕地市场化的省份不多，主要集中在江苏、浙江、安徽、广东、广西、重庆、贵州等。通过这些省份的探索，补充耕地指标市场化运作存在以下问题：一是补充耕地指标的超值收益归谁所有；二是政策调整造成市场风险；三是逐利可能导致项目虚假与生态破坏；四是市场化运作不够规范，监管机制有待强化；五是缺乏统筹与调控。

（5）省内易地开发补充耕地有待于进一步研究。易地占补平衡实质上体现了经济发展在空间布局上的道路之争，易地占补平衡与补充耕地市场化交织在一起，牵涉多方经济利益，既是当前耕地占补平衡管理的前沿，面临着管理和政策滞后等问题，也是当前国土资源管理出现问题最多的领域之一，出现了很多触目惊心的案件。如易地开发补充耕地项目的监管、质量保障、经济利益平衡等问题都需要进一步研究。

三、政策建议

1. 从源头上严控建设占用耕地，尤其是占用优质耕地

首先，应严格按照土地利用总体规划批地用地，从严控制建设占用耕地的数量、质量及空间位置。其次，根据不同时期、不同区位、不同土地用途的耕地占用情况，建立动态可调整的耕地开垦费标准体系，尤其是提高建设占用优质耕地的成本。最后，在耕地占补平衡制度落实上，实行“占一补一，先补后占，以补定占，等别约束”的原则，严格按照补充耕地数量和质量等别的情况，实行倒逼机制来确定建设占用耕地的数量和质量等别。

2. 强化共同责任，进一步严格耕地开发项目立项审批

耕地开发是一项系统工程，涉及面广，牵涉到国土、财政、林业、农业、环保等多个部门，尤其需要项目支持，紧密配合，齐抓共管。对于荒山、荒坡、滩涂耕地开发项目，应联合踏勘，具体分析，防止项目仓促上马，出了问题又相互推诿。严守耕地红线不是国土资源一个部门的事情，坚持建设占用和补充耕地数量、质量双平衡是落实最严格耕地保护制度的重要手段，也是全面贯彻落实耕地保护共同责任机制的深入体现。

3. 严格耕地开发规划设计，突出新开垦耕地质量的管理要求

积极调整耕地开发的工作思路，实现由偏重外延补充向外延内涵补充并重的转变，克服盲目追求开发增加耕地数量的错误观念，把耕地开发的思路转变到数量、质量、生态并重的理念上来。必须树立综合农业生态发展观，把可持续发展的理念贯穿到建设施工及后续生产作业的全过程，决不能以牺牲生态环境为代价搞耕地开发。

4. 加强耕地开发项目验收管理，严格土地变更登记

严格按照耕地开发项目规划设计的要求进行验收，对项目实施存在严重问题、造成不可挽回损失和社会恶劣影响的，要追究相关责任人的渎职责任。同时，研究制定新开垦耕地质量评定制度，按照统一的技术标准对新开垦耕地进行质量评定，不开展新增耕地质量评定的项目一律不予验收。

5. 建立健全耕地开发相关制度，探索耕地开发市场运作方式

逐步完善耕地占补平衡和耕地开发的监管制度，充分调动社会力量参与和监督耕地开发的积极性和责任感，认真把好设计、招标、施工、验收等环节，切实将好事做实、将实事做好。

6. 明确新开垦耕地使用权主体，加强后期管护

完善土地承包责任制，及时明确新开垦耕地的使用权主体，正确引导土地承包人员加强对土地的利用管理，加大后续资金投入，科学种植，合理耕作，逐年培肥地力，提高土地生产率和生产水平，防止新增耕地出现撂荒。同时，研究制定新开垦耕地后期使用管理补偿制度，从新增建设用地土地有偿使用费中按照一定的标准，适当给予使用权主体后期管护经费。

7. 转变耕地开发方式，探索建立耕地开发激励机制

积极鼓励各地以复垦、土地整理等方式补充非农占地。鼓励地方用“改地”替代垦荒，在政策方面积极鼓励和支持地方优先改造中低产田而推后垦荒安排的做法。在我国耕地后备资源逐渐枯竭的情况下，既可以考虑通过提高现有耕地质量和生产能力达到占补平衡的目的，又可以考虑

开发非耕地资源，如通过开发荒山、荒坡、废弃的坑塘等发展林果业、畜牧业和水产养殖业来有效替代耕地的部分粮油产品。

四、成果应用

通过研究形成的政策建议分别在《中国土地》《中国国土资源报》《土地整治动态》等期刊和报纸上发表文章 4 篇，有关政策建议在《国土资源部关于强化管控落实最严格耕地保护制度的通知》（国土资发〔2014〕18 号）中有所体现（图 2）。

补充耕地须质量先行

以补定占 等别约束

土地整治动态

关于耕地质量红线的思考

农田质量要有“硬约束”

图 2 研究成果应用

五、主要效益

经过十多年的发展，各地在落实耕地占补平衡制度、强化耕地开发机制等方面进行了积极的探索，有效减缓了耕地净减少的趋势，为守住耕地红线、保障粮食安全和经济社会可持续稳定发展奠定了坚实基础。然而，随着宜耕后备资源的减少，耕地开发及补充的问题也日渐凸显，通过本研究以期对未来相关制定政策措施有所帮助。

耕地等级变化野外监测技术集成与应用示范

一、成果概况

主要完成人： 郧文聚、王洪波、吴克宁、赵烨、孔祥斌、张超、杨建宇、张蕾娜、张中帆、程锋、陈桂珅、赵玉领

项目来源及编号： 国土资源公益性行业科研专项“耕地等级变化野外监测技术集成与应用示范”（201011006）

项目起止时间： 2010 年 1 月—2012 年 12 月

知识产权支持及获奖情况： 新材料、新装置、计算机软件著作权等 8 项，获得专利授权 5 项，其中发明专利 2 项

二、主要成果

1. 初步建立了耕地质量等级监测网络

项目在继承农用地分等技术方法和成果的基础上，构建了区域—应用示范县—监测样区多个尺度上的耕地等级变化野外监测网络；研究了满足野外监测需要的固定监测样区和随机监测样区相结合的布控监测方法；瞄准不同区域影响耕地等级变化的共性和特性的关键“因素—因子—属性”，创新了耕地等级监测指标与诊断技术，以及监测信息快速识别与整合技术，研制了耕地等级监测基地建设标准和装备，集成“定位、定量、快速”的监测技术和监测方法，研发了耕地等级监测信息管理系统。

2. 形成了一批规程、指南和实施细则等技术成果

项目编制完成了《耕地质量等级变化监测技术规程（送审稿）》《耕地等级变化监测样区布控技术指南》《耕地等级变化“主导因素—因子—可测量指标”技术规定》《耕地等级空间布局变化的评价技术指南》《耕地等级变化监测实施细则》等技术文档成果。

3. 促进了地方人员队伍和技术能力的建设

项目组编制下发了《关于加快推进耕地质量等级监测试点和耕地等级变化野外监测应用示范基地建设的函》《关于设立国土资源部土地整治重点实验室和国土资源部农用地质量与监控重点实验室科研工作站的通知》等技术文件。项目形成了《关于提高对耕地质量的认识及建设问题的调研报告》《开展耕地质量等级监管的情况与建议》等政策建议。

4. 在一些重要期刊上发表了一批重要的学术研究成果

累计发表唯一标注 SCI 和 EI 学术论文 20 篇，唯一标注核心期刊论文 52 篇，科普文章 11 篇。代表性论文如下：

（1）Tianjiao Zhang, Yongxia Yang, Gang Liu. Integrated Management and Visualization of Spatial Data Based on Oracle Spatial Database with MapViewer[J]. Intelligent Automation and Soft Computing, Sensor Letters, 11, 1353-1358(2013)(SCI).

（2） Sai Tang，Jianyu Yang，Chao Zhang, et al. Design of Monitoring Network for Cultivated Land Quality in County Area Based on Kriging Estimation Variance[J]. Computer and Computing Technologies in Agriculture, 2013, 321-333(EI).

（3）孙亚彬，吴克宁，胡晓涛，等 . 基于潜力指数组合的耕地质量等级监测布点方法 [J] . 农业工程学报，2013，29（4）：245-251（EI）.

（4）杨建宇，汤赛，郧文聚，等． 基于 Kriging 估计误差的县域耕地等级监测布样方法 [J]. 农业工程学报，2013，29（9）：223-230（EI）.

（5）王洪波，程锋，张中帆，等 . 中国耕地等别分异特性及其对耕地保护的影响 [J] . 农业工程学报，2011，27（11）：1-80（EI）.

5. 获得新材料、新装置、计算机软件著作权等 8 项

具体名称：基于 Android 的耕地质量野外调查系统 V1.0（登记号：2013SRBJ0439）；基于 RTU 的农田环境信息快速获取系统 V1.0 （登记号：2013SRBJ0548）；基于 Android 移动终端的地图服务系统 V1.0（登记号：2012SRBJ1481）；基于 Android 的空间信息采集编辑系统 V1.0（登记号：2014SRBJ0476）；耕地质量等别指标诊断系统 V1.0（登记号：2014SR005993）；耕地等级监测基础数据管理系统 V1.0（登记号：2013SRBJ0319）；耕地等级评定系统 V1.0（登记号：2013SRBJ0320）；耕地等级变化监测数据汇总分析系统 V1.0（登记号：2013SKB10486）。

6. 获得专利授权 5 项，其中发明专利 2 项

获得授权专利名称：基于 SEBAL-HJ 模型的农作物生物量反演方法（ZL201210147296.0）；

基于 RTU 的无线耕地保墒保温能力监测一体机装置（ZL201420211312.2）；美国农部制土壤质地类型比对样板（ZL 201320049537.8）；美国农部制土壤粒级比对样板（ZL 201320049338.7）；便携式土壤剖面诊断扫描仪（ZL 200910079732.3）。

三、创新要点

1. 创新性地建立了全国耕地等级监测网络布控技术

将全国划分为 41 个监测分区，确定了 200 个静态监测县，围绕静态监测县确定动态监测县，静态县每年监测，动态县每 5 年轮换一次。从上到下：划分全国监测分区—选取监测县—县内划定监测控制区—控制区内布设监测样区。从下到上：监测样区数据—监测控制区内质量变化—全国监测分区内质量变化—全国耕地质量变化（图 1）。

图 1　全国耕地等级监测网络布控技术思路

2. 建立了实用的耕地等级监测指标诊断技术

（1）对所有指标的取值矩阵做 PCA，根据每个变量的主成分上的荷载和主成分特征值，计算每个变量在特征值≥ 1 的主成分上的综合荷载，即矢量常模（Norm），然后选择每组中 Norm 值最大的一个指标进入 MDS；同时对每组内选出的指标进行相关分析，检查是否有明显的数据冗余现象，如果高度相关（≥ 0.5），则选取 Norm 值最大的指标进入最终的 MDS（图 2）。

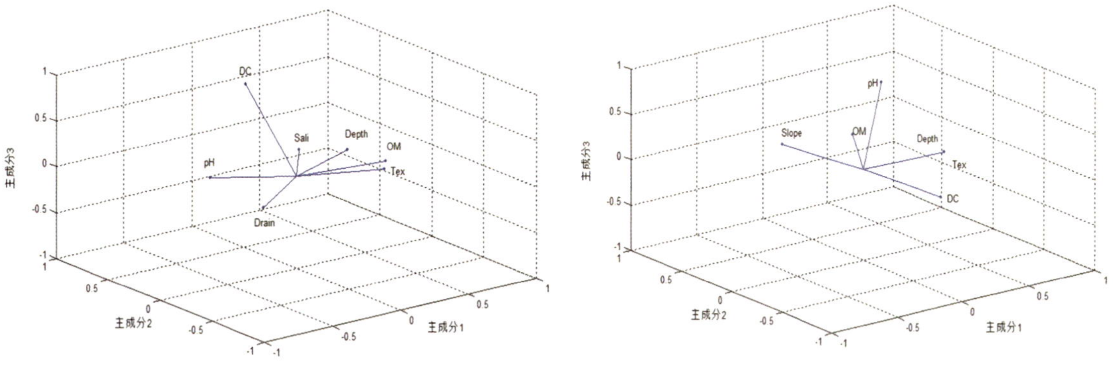

（a）黑龙江省海伦市（平原）　　（b）黑龙江省海伦市（山地）

图 2　指标在各自前三个主成分空间上的综合荷载 Biplot 图

（2）初步确定了监测指标的监测周期。耕地质量等别监测指标的监测周期依据指标变化的时间尺度及其因素类型确定。不同的监测层次或不同的监测尺度，其耕地利用监测目标、方法及内容具有明显差异。因此，监测周期应与监测工作的层次和空间尺度相协调（表 1）。

表 1　耕地质量等别监测指标监测周期

指标类别	监测指标	监测周期
地形地貌	有效土层厚度、表层土壤质地、土体构型、土壤有机质含量、土壤酸碱度（pH）、障碍层距地表深度、盐渍化程度、土壤侵蚀、土壤砾石含量	5 年 / 次
	养分状况（碱解氮、有效磷、速效钾）	1 年 / 次
环境健康状况	土壤重金属元素（汞、镉、砷、铜、铅、铬、锌、镍）含量，农药残留、灌溉水源水质指标、微量元素（F、I、Se）含量	1 年 / 次
基础设施条件	排水条件、灌溉保证率、灌溉水源、田块平整度、田块大小、田块形状、田间供电、田间道路通达度、林网化程度	3 年 / 次
土地利用状况	耕作制度、经营规模、利用集约度、人均耕地、种植制度	
物质投入	种子、化肥、农家肥、农药、地膜、水电、农机具等	1 年 / 次

3. 研发了先进的野外监测技术装备

（1）耕地土壤剖面诊断扫描仪的研制。便携式土壤剖面诊断扫描仪的壳体为空心柱状，侧壁上纵向设有透明窗，壳体内纵向设有控制杆，控制杆上设有能上下移动的土壤剖面扫描装置。可以通过透明窗对土壤剖面进行扫描诊断，结构简单、便于携带。该技术已获得国家发明专利授权（图 3）。

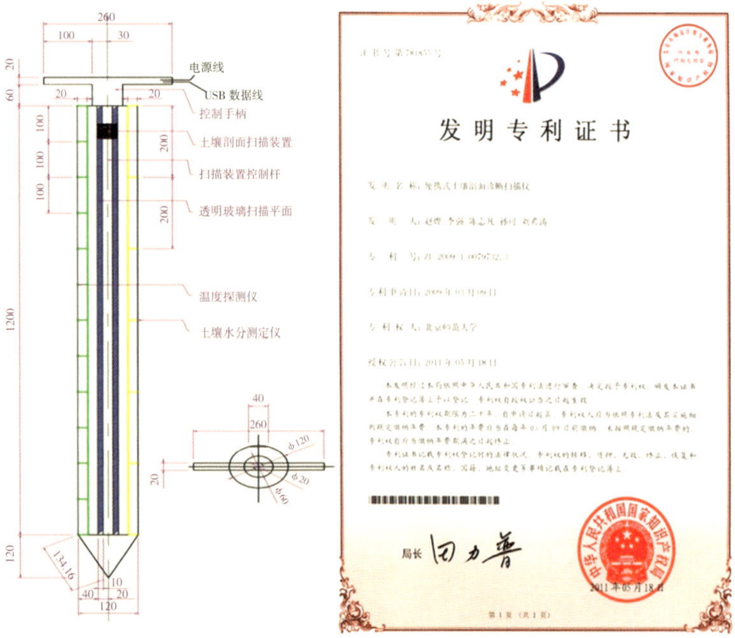

图 3　耕地土壤剖面诊断扫描仪结构示意图和专利证书

（2）美国农部制土壤粒级与土壤质地沙盘的研制。按照美国农部制土壤质地三角形的指标，配制黏土、黏壤质、粉黏壤质、粉黏土、粉壤土、粉土、壤土、砂黏土、砂黏壤土、砂壤土、壤砂土、砂土等16个土壤质地类型标样，研制出美国农部制土壤粒级比对沙盘和土壤质地类型比对沙盘，并获得国家专利两项（图4）。

图4 美国农部制土壤粒级与土壤质地沙盘专利证书

4. 提出了先进的耕地等级变化信息快速识别和整合技术

（1）基于小波变分模型的线状地物提取。基于变分的图像的分割几何活动轮廓模型引入了水平集理论，将边界曲线嵌入三维连续函数—水平集函数中，避免了跟踪演化曲线位置带来的困难，只需按照一定规律更新水平集函数即可。而水平集函数在更新过程中始终保持为简单函数，可以很好地处理曲线拓扑结构的变化，部分克服了参数轮廓模型的缺点（图5，图6）。

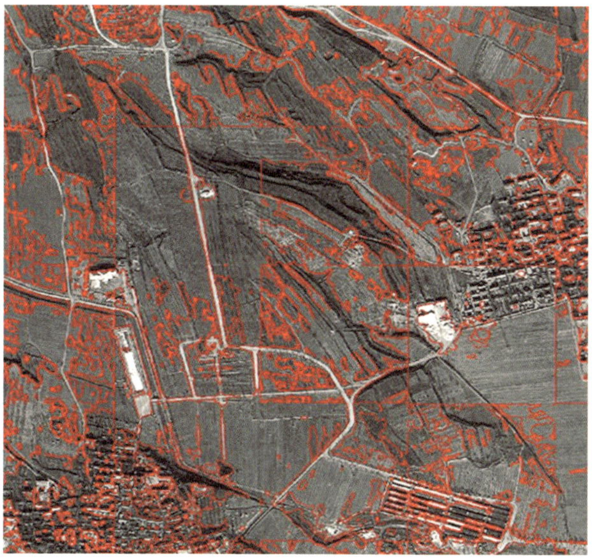

图5 线状地物提取示例1

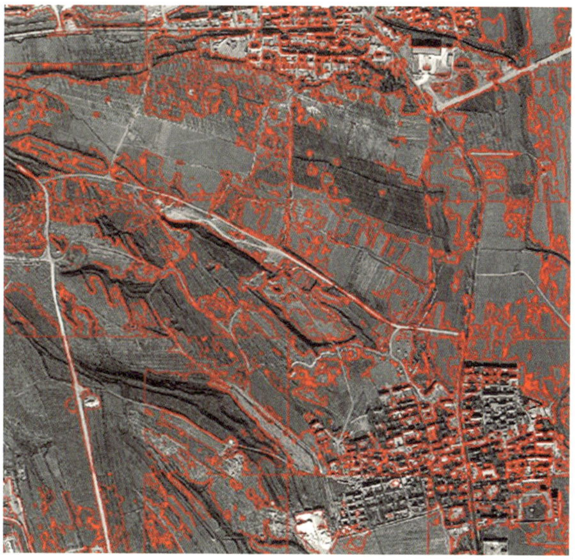

图6 线状地物提取示例2

（2）耕地等级变化监测指标地面快速调查技术。构建“野外耕地变化信息采集系统”，确定了采集系统与野外耕地变化信息管理系统之间的数据传输和交换模式，确定了采集系统所支持的调查内容及采集系统功能，包括用户管理模块、调查内容、调查点列表、系统主界面及其他功能（图7）。

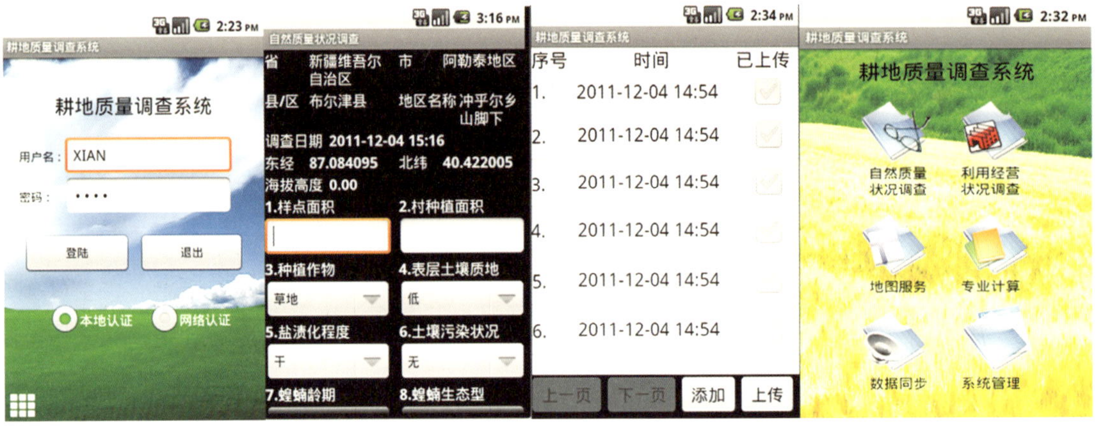

图7　耕地等级监测信息采集系统管理模块

四、成果应用

在10个农用地分等国家一级区中选建15个野外监测应用示范区，按照样区划分方法和样点布设要求，共设立监测样区180个、监测样点1200个，形成国家级耕地等级变化监测先导站与管护服务平台。项目成果已在2013年、2014年国土资源部部署开展耕地质量等别年度监测评价试点及2015年全面部署开展耕地质量等别年度监测评价工作中得到应用。

五、主要效益

项目建立了包括国家级、省级、县级、样区四级的耕地等级监测管理技术体系，并维持15个耕地等级变化野外监测应用示范区建设及其运行。项目初步形成了国家级耕地等级变化监测先导站与管护服务平台，为强化国家和地方的耕地资源安全管理水平、提升耕地资源的保障能力提供科技支撑。

全国统一的按等级折算技术与标准研究

一、成果概况

主要完成人：郧文聚、吴克宁、程锋、陈桂珅、王洪波、张蕾娜、赵玉领、陈正

项目来源及编号：2008 年国土资源公益性行业科研专项“全国统一的按等级折算技术与标准研究”（200811106）

项目起止时间：2008 年 1 月—2012 年 12 月

知识产权支持及获奖情况：获计算机软件著作权 1 项，2015 年度国土资源科学技术奖二等奖

二、主要成果

《国务院关于深化改革严格土地管理的决定》（国发〔2004〕28 号）做出了补充耕地数量质量实行按等级折算的规定。2005—2007 年，国土资源部部署 30 个省（自治区、直辖市）（除西藏自治区外）制定了适用于本省（自治区、直辖市）的等级折算系数。本项目以全国农用地分等成果和耕地占补平衡新机制研究为基础，依据土地生产潜力理论，开展了全国统一的按等级折算技术方法研究，制定了全国统一的等级折算系数和技术规程，并研发了耕地占补数量质量平衡决策支持系统，对等级折算进行了有益探索和实践。

1. 首次构建了耕地占补平衡系统动力学概念模型，研究了未来耕地占补平衡发展情景

分析我国耕地利用、产能现状及变化规律，总结耕地占补平衡实践效果，研究提出我国优质耕地与城市密集区分布空间高度叠加、流失快，耕地布局调整导致耕地生产能力的重心由南部向耕地产能相对较低的北偏东偏移趋势。采用系统动力学与情景分析相结合的研究方法，构建系统动力学模型表明，在政策较为严格、耕地占补平衡工作在省域内运行的条件下，无论以数量平衡还是以数量、质量并重平衡为目标，2020 年前东部经济发达地区和西南生态脆弱区面临资源

难以为继的问题；而在政策调整、技术进步的前提下，在经济条件、自然资源禀赋相似的八大经济区内部，预期基本可以实现耕地数量、质量双重平衡的目标。

2. 首次研制了全国统一可比的耕地占补平衡等级折算系数表

以各地制定的等级折算系数为基础，研究了等级折算系数的合理性，探讨了省际的耕地数量质量按等级折算工作存在的问题。按照不同折算基础和不同尺度，比较择优后，确立采用按15个国家级等别，以及对应的标准粮产量上限值计算折算系数，编制系数表。研究方法先进，结论可靠。研究可为控制耕地隐性流失、统筹国家重点项目占地补充提供借鉴，可为跨区域易地占补平衡提供技术支撑，对有效保护耕地资源、提高农业综合生产能力、实现国家粮食安全战略具有重要意义。

3. 编制了《补充耕地数量质量按等级折算技术规程》（建议稿）

确立了适合我国不同尺度的、不同区域内和区域间补充耕地按等级折算的操作原则、技术流程和方法，使耕地占补数量质量按等级折算工作程序化、规范化，填补了补充耕地按等级折算技术规范这一空白。

4. 研发了"耕地占补数量质量平衡决策支持系统"

依托现有地理信息系统环境，借助C#编程语言，实现计算被占用耕地等别、查找待补充耕地范围、实现耕地占补平衡智能化决策的专题地理信息系统。可以满足国土部门的具体需求，实现对占用、补充耕地数量、等级等各项关键指标的计算、查询，以及对邻近耕地质量信息的搜索，并可模拟多个不同等别补充耕地实施方案。该系统可实现实时快速、准确的耕地等级折算和决策，为制定全国及区域年度用地计划、耕地占补平衡考核提供技术支持。

三、创新要点

项目重点围绕跨种植制度区和国家重大项目区补充耕地质量与占用耕地质量相当的国家需求，基于农用地分等技术方法、全国农用地分等成果和耕地占补平衡机制研究，创建了全国统一的补充耕地数量质量按等级折算方法和技术，形成了《补充耕地数量质量按等级折算技术规程》（建议稿），研发了耕地占补数量质量平衡决策支持系统。总体技术思路和主要科技创新如下（图1）：

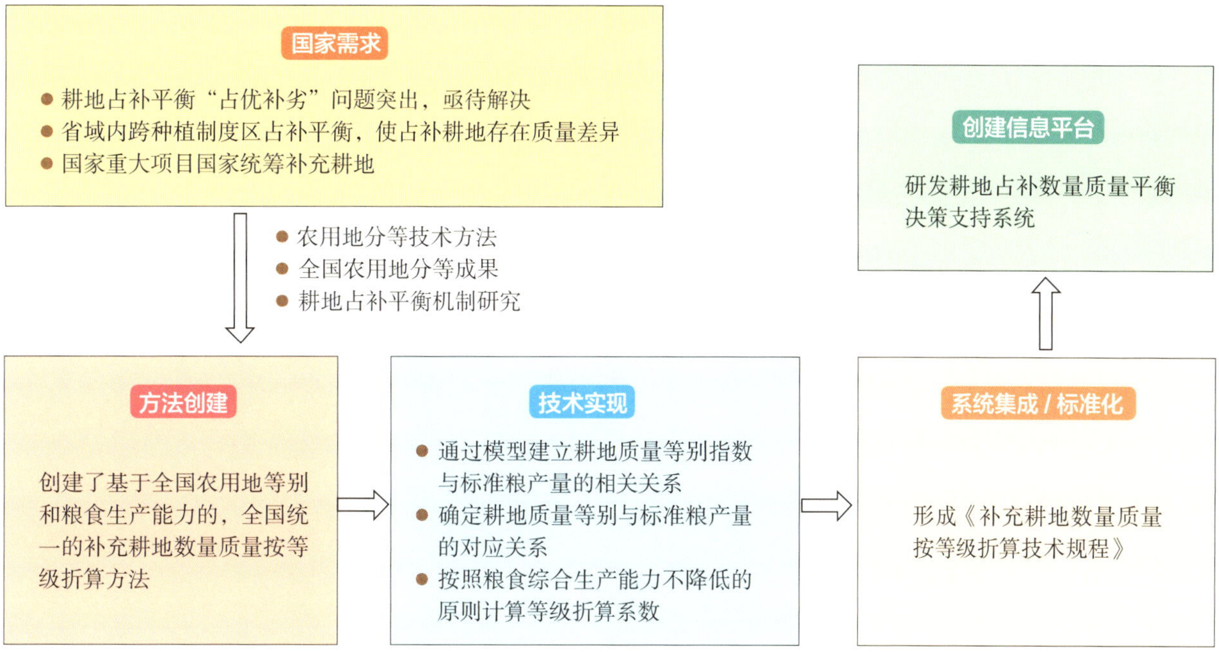

图 1　总体技术思路

1. 构建了耕地占补平衡按等级折算的方法体系

（1）首次从农用地分等角度对耕地占补平衡制度的实施情况进行评价，提出今后耕地占补平衡制度的重点和发展方向。在农用地分等和相关成果数据库的基础上，运用耕地资源的区位指数模型、地理学的重心拟合模型，对全国实施耕地占补平衡制度以来耕地数量、质量、综合生产能力的时空变化进行了分析，提出在耕地占补平衡政策背景下，我国耕地资源的分布特点及变化趋势；系统梳理了耕地占补平衡制度的背景、发展历程、制度体系、执行效果和存在问题，结合耕地资源利用特点，提出今后耕地占补平衡制度的重点和发展方向。

（2）构建了耕地占补平衡系统动力学概念模型，明确了各系统的要素、结构与功能。在国家尺度上，从耕地后备资源、经济及生态支撑能力方面进行评价，辨析了不同区域耕地利用的自然社会经济状况特征及突出的人地关系问题；在区域资源环境差异性和经济社会发展阶段性的背景下，解析了资源环境和经济社会等各项系统要素的作用及其因果关系，判定其与占用和补充耕地数量、质量演化的关系，从系统、科学和可持续发展的角度构建了耕地占补平衡系统动力学概念模型，明确系统要素、结构与功能。

（3）整合耕地占补平衡系统动力学要素，建立了耕地占补平衡按等级折算的内容体系。通过对耕地占补平衡系统动力学要素的整合，基于规划因素、政策因素和技术因素等构建多种耕地占补平衡的情景，模拟分析不同政策实施方案下耕地占补平衡系统演化的趋势，提出耕地占补平衡按等级折算的改革路径，构建耕地占补平衡按等级折算的目标框架与内容体系设想。

2. 建立了全国统一可比的耕地占补平衡按等级折算技术体系

（1）提出了区域耕地占补数量质量平衡的折算方法，实现了全国统一可比的补充耕地按等级折算技术集成与检验。基于当前耕地占补平衡所面临的形势和战略定位，提出了建立全国统一可比的补充耕地按等级折算技术思想，探索解决国家重点建设项目及耕地后备资源匮乏省份易地占补平衡问题；从评价目标、评价尺度及评价内容上解析农用地分等与耕地占补平衡目标之间的逻辑关系，提出区域耕地占补数量质量平衡的折算方法，并用京沪高铁建设项目进行了检验分析。

（2）编制了全国统一的补充耕地数量质量按等级折算系数表。以农用地分等国家级汇总成果和各省（自治区、直辖市）按等级折算基础工作成果为基础，结合各省（自治区、直辖市）区域经济社会发展状况，对全国范围内占补耕地的质量平衡进行分析，在此基础上研究编制了全国统一可比的补充耕地数量质量按等级折算系数表。

（3）提出了补充接近等耕地的空间匹配与选择方法，解决了在库先补耕地与后占耕地的合理匹配问题。从耕地占用及补充的不同区域、不同尺度出发，分层次深入调查并分析了华中某省补充耕地数量质量按等级折算结果，提出增加补充耕地项目库质量内涵的建议；基于耕地资源可持续发展思想，提出按照占用及补充耕地质量等级合理配置补充耕地资源的技术方法，并分别选择京沪高铁建设项目和省内建设项目对研究成果提出的方法进行了合理性和可行性验证。

3. 编制了《补充耕地数量质量按等级折算技术规程》（建议稿）

（1）根据耕地占补平衡按等级折算的内容体系与技术方法，编制了《补充耕地数量质量按等级折算技术规程》(建议稿)，明确了省内及省际补充耕地按等级折算的操作原则、技术流程和方法，为指导区域耕地占补平衡按等级折算奠定了基础。

（2）创新了补充耕地质量评价技术。从土地利用系数的形成角度，提出基于耕地等别变动因素而非影响新增耕地质量的全量因素构建土地利用水平评价指标体系，通过量化土地整治对水利基础设施条件、耕作条件及生态环境条件等方面的改善程度，以及各因素对耕地产能的影响程度，对补充耕地项目区所在区域的土地利用系数进行更新，进而评定补充耕地质量等级的方法。

4. 研发了“耕地占补数量质量平衡决策支持系统”

采用 C# 编程语言，利用 ArcGIS Engine 软件设计开发了耕地占补数量质量平衡决策支持系统，建立了区域耕地等级汇总与分析、耕地占用等别折算与分析、补充耕地等别辅助判定、耕地占补数量质量平衡分析、专题地图打印五个主要功能模块，能够实现对全国及区域占用、补充耕地数量、等级等各项关键指标的计算、查询，以及对邻近耕地质量信息的搜索，并可模拟多个不同等别补充耕地实施方案。

5. 提出了耕地占补按等级折算的实施政策建议

（1）从省内和省际两个层面分别提出了耕地易地占补平衡的实施方案。对于省（自治区、直辖市）内易地占补平衡项目，要求增加耕地占补按等级折算内容，同时优化补充耕地项目设计方案，提升补充耕地质量等级。对于耕地后备资源匮乏省（自治区、直辖市）和国家重点项目区耕地占补平衡，分别提出两种跨省（自治区、直辖市）耕地易地占补平衡模式：一是根据第二次土地调查成果的耕地后备资源调查评价，确定耕地后备资源匮乏省（自治区、直辖市）和统筹补充耕地省（自治区、直辖市）及规模，按照省际补充耕地按等级折算方法实施耕地占补平衡；二是对于国家重点建设项目占用耕地难以实现耕地占补平衡的，可由国家从土地整治重大工程和农村土地整治示范建设新增耕地资源中统筹安排补充耕地，并按照省际补充耕地按等级折算方法实施耕地占补平衡。

（2）提出从以下四个方面进一步完善耕地占补平衡考核办法，推行按等级折算：一是完善挂钩与储备制度，要求建设项目报批时，要依据《补充耕地数量质量按等级折算技术规程》，审核占用耕地和补充耕地是否达到数量质量双平衡；二是完善项目考核制度，加强对土地开发整理项目及耕地占补平衡台帐中耕地质量等别的审核；三是修订耕地开垦费收缴标准，实行按耕地质量等别征收，形成"以补定占"的用地机制；四是完善项目监管制度，建立耕地占补数量质量平衡约束与激励机制。

四、成果应用

1. 项目研究成果为地方开展易地补充耕地研究、等级折算试行工作等提供了技术方法和技术手段

内蒙古、广东、河北、贵州、宁夏等省（自治区）应用该项目提出的等级折算技术方法、等级折算系数表，以及耕地占补数量质量平衡决策支持系统，对省（自治区）内易地占补平衡进行了探索和应用，为产能平衡提供了方法和技术手段。

2. 补充耕地等级折算的思想在相关的调研报告中广泛使用和提及，补充耕地质量问题得到重视

2014 年，中央研究室报送中央领导的《关于陕西耕地异地占补平衡情况报告》中，建议在耕地占补平衡工作中实行按等级折算，确保补充耕地与占用耕地产能平衡。该报告得到了习近平、李克强、张高丽、汪洋等中央领导的重要批示。

2009 年 12 月 30 日，由国务院发展研究中心张云华、伍振军执笔完成的《审慎推行宅基地换房保障农民宅基地用益物权——浙江嘉兴市调查报告》中，直接引用了该成果，并建议"严禁用

复垦后的劣等地等量换优等地，严格实行国家补充耕地数量质量按等级折算办法，落实最严格的耕地保护制度”。

五、主要效益

本项目研究提出的耕地占补平衡等级折算理念、技术方法，将有助于提高各级国土资源管理部门耕地质量保护的意识，并将质量保护理念渗透到具体用地审批、补充耕地监管过程中，使耕地质量保护措施落到实处。同时，全国统一的等级折算系数的提出，可为国家重大基础设施建设项目补充耕地实行国家统筹提供路径和方法。“耕地占补数量质量平衡决策支持系统”的使用，有助于提高基层工作人员的决策效率，使他们更快速、更精确地获取可以达到占补平衡目标的补充耕地后备资源信息。

项目成果的推广使用，将改变占用耕地、补充耕地质量长期无量化评价的状态，促使补充耕地单位增加投入，提高补充耕地质量，切实做到补充耕地与占用耕地质量相当，保障耕地综合生产能力不降低，将最严格的耕地保护制度落实到位，严守耕地红线，保障粮食安全。

第六篇

土地整治技术与标准

- 区域土地整治技术集成与示范
- 高标准基本农田建设技术体系研究与应用
- 土地整理投资标准关键技术研究
- 农田基础设施工程集成技术与模式研究
- 可持续土地利用数字化平台技术研究与示范
- 土地整理项目后评价信息化技术和应用示范研究
- 土地整治技术标准体系研究

区域土地整治技术集成与示范

一、成果概况

主要完成人： 陈原、杨晓艳、田玉福、杨红、赵庆利、李少帅、吕婧、陈艳林、伍文、陈志忠、陆效平、潘瑜春、赵亚辉、余建新、周寅康、郝晋珉、唐泽军、张正峰

项目来源及编号： 国土资源公益性行业科研专项“区域土地整治技术集成与示范”（201011016）

项目起止时间： 2011年1月—2013年12月

知识产权支持及获奖情况： 获得新产品、新材料、新工艺、新装置、计算机软件著作权等5项，获得专利授权5项，其中发明专利5项

二、主要成果

从解决我国不同区域土地综合整治的实际问题和技术需求出发，构建市级土地整治规划技术方法，并研究8个不同区域的土地整治技术，包括东南丘陵区移土培肥土地整治技术、东部地区线性工程沿线土地整治技术、东部沿海地区废弃盐田开发、东北地区城乡统筹一体化土地整治技术、中部低山丘陵缓坡区耕地开发技术、西南山丘区土地整治技术、黄土高原台塬区土地整治技术、西北黄河中游沙性耕地区土地综合整治技术，制定不同区域土地综合整治技术规范与建设标准，并进行应用示范，可为同区域、同类型土地综合整治工程提供样板，从而打破制约不同区域土地整治工程开展的瓶颈，进一步提高土地综合整治的科学性、合理性，有助于降低工程成本，提高工程质量和建设成效，提高土地整治项目设计、施工、管理等环节的技术含量，有效提升我国不同区域土地综合整治技术水平，促进我国土地整治事业健康快速发展。本项目研究涉及多个区域、多个领域，研究内容涉及土地整治规划、项目选址、土地整治工程技术、土壤改良、信息管理等多个方面。研究成果中的土地整治工程体系、市级土地综合整治规划技术、土地整治规划设计技术等内容已应用于《高标准基本农田建设标准》（TD/T 1033—2012）、《市（地）级土地整治规划编制规程》（TD/T 1034—2012）、《高标准农田建设　通则》（GB/T 30600—2014）。

三、创新要点

1. 市级土地综合整治规划技术方法

开展了市级土地整治规划编制目标定位研究，确定了市级土地整治规划编制专题研究的内容及有关要求，形成了市级土地整治规划编制技术规范草案，完成了市级土地综合整治规划评价研究，编制了成都市土地综合整治专项规划。

2. 东南丘陵区移土培肥土地整治技术标准研究与示范

开展了移土培肥土地整治技术体系研究、东南丘陵区区域移土培肥土地整治规划关键技术研究、东南丘陵区移土培肥土地整治方案设计关键技术研究和移土培肥技术集成与示范。

3. 东部地区线性工程沿线土地整治技术开发与示范

开展了东部地区高速公路工程对沿线区域的扰动影响调查与综合评价技术研究、东部地区高速公路沿线区域土地整治项目时空配置技术研究、面向现代农业的东部地区线性公路沿线土地整治项目区规划技术研究、线性工程沿线现代农业土地整治技术集成与示范、高速公路沿线土地整治技术应用分析评价研究。

4. 东南沿海地区废弃盐田土地整治技术研究与示范

开展了沿海废弃盐田土地整治可行性评价、沿海废弃盐田土地整治工程规划设计、沿海废弃盐田土地整治关键技术集成研究、沿海废弃盐田土地整治技术示范研究。

5. 东北地区城乡统筹一体化土地整治技术开发与应用示范

开展了东北城市边缘区城乡统筹目标下的土地整治方向与土地利用标准研究、东北城市边缘区农村居民点整治潜力与布局调整优化技术研究、东北城市边缘区整治项目景观生态化设计技术集成研究、东北城市边缘区城乡统筹一体化土地整治方向示范研究，并选择沈阳市沈北新区进行示范。

6. 中部低山丘陵缓坡区耕地开发技术研究与示范

开展了中部低山丘陵缓坡区耕地资源开发利用的评价研究、农业机械化条件下的梯田构筑技术研究、中部低山丘陵缓坡区耕地资源开发技术集成与示范。

7. 西南山丘区土地整治技术开发与示范

开展了西南山丘区土地整治传统技术应用分析、西南山丘区质地改良型土地整治技术集成、西南山丘区坡地整治型土地整治技术集成、西南山丘区质地改良型和坡地整治型土地综合整治技术示范研究。

8. 黄土高原台塬区土地整治技术开发与示范

开展了土地整治项目选址辅助决策技术研究、表土覆盖与水土重构技术研究、节水灌溉集成技术研究、整治区土地质量研究、区域土地整理技术规范与研究（图 1）。

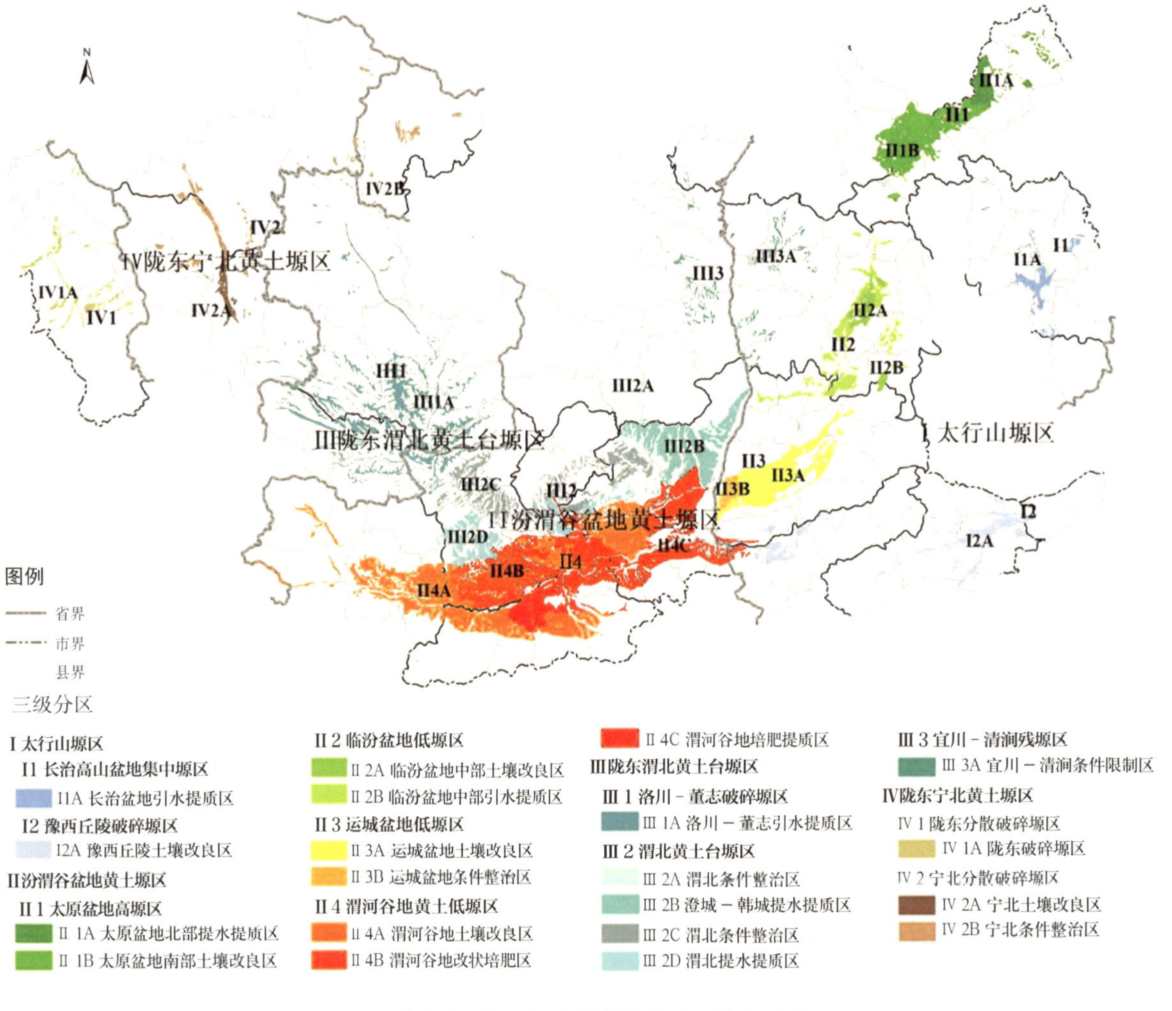

图 1　黄土高原台塬区土地整治技术开发与示范

9. 西北黄河中游沙性耕地土壤改良技术研发与示范

开展了粉煤灰化学性质及适宜性评价、粉煤灰改良沙土基本物化特性研究、粉煤灰促进作物生长研究、聚丙烯酰胺（PAM）对粉煤灰改良沙土效果的强化作用研究、粉煤灰改良沙土集成技术及示范。

四、成果应用

1. 部分研究成果被国家级规划采用

《全国高标准农田建设总体规划》第三章“建设标准和建设内容”采用了本研究提出的土地平整、土壤改良、灌溉与排水、田间道路、农田防护与生态环境保持等土地整治工程体系、建设内容和标准。

2. 部分研究成果被国家标准采用

土地整治工程体系、土地整治规划设计技术等内容应用于《高标准农田建设 通则》（GB/T 30600—2014）。

3. 部分研究成果被行业标准采用

土地整治工程体系、市级土地综合整治规划技术、土地整治规划设计技术等内容已应用于《高标准基本农田建设标准》（TD/T 1033—2012）、《市（地）级土地整治规划编制规程》（TD/T 1034—2012）。

4. 研究成果指导了全国高标准基本农田建设工作

近年来，各地以高标准农田建设为重点，积极推进农村土地整治。本研究成果为项目研究区域全国高标准农田建设项目的技术方案编制、立项、设计、项目实施、项目验收等工作的制度化、科学化和规范化提供了技术保障，为顺利完成“十三五”期间高标准农田建设任务提供了重要的技术支撑。

五、主要效益

项目研究成果在指导全国高标准农田建设工作中产生了显著的社会效益，促进了高标准农田建设的科学性、合理性，进一步发挥土地整治在增加耕地数量、提高耕地质量、改善生态环境方面的重要作用，有效提升我国不同区域土地综合整治技术水平。

高标准基本农田建设技术体系研究与应用

一、成果概况

主要完成人：巴特尔、陈原、吕婧、田玉福、杨红、杨剑、张中帆、杨晓艳、金晓斌、曹小曙、李红举、贾文涛、赵庆利、李少帅、陈艳林

项目来源及编号：2006—2011 年国土资源部部门预算项目“土地整治实施监管与绩效考评”；2010 年国土资源公益性行业科研专项“区域土地综合整治技术集成研究”（201011016）

项目起止时间：2006 年 1 月—2011 年 8 月

知识产权支持及获奖情况：2015 年度国土资源科学技术奖二等奖

二、主要成果

项目针对高标准基本农田建设中存在的工程内容不统一、建设重点不突出、整体布局不合理、管理方式不规范等突出问题，开展工程类型区、体系、模式等研究，对国家高标准基本农田建设决策和实践提供了有效的理论支撑、技术指导和方法借鉴。

研究成果包括：总报告 2 本，专题研究报告 5 本，学术论文 20 篇，相关研究成果被国务院和国土资源部相关政策和技术规范所采纳，成果已全面应用到《全国高标准农田建设总体规划》、国家标准《高标准农田建设 通则》（GB/T 30600—2014）和行业标准《高标准基本农田建设标准》(TD/T 1033—2012) 中。

1. 围绕高标准建设，开展基本农田建设工程类型区、工程体系和典型工程模式研究

（1）划分了全国高标准基本农田建设工程类型区。统筹考虑不同尺度地域差异和工程组合特征，结合建设目标、工程内容、工程组合和地域特征，根据自然资源、生产条件、土地利用等因素，将全国划分为 8 个国家级一级类型区和 21 个二级类型区。

（2）构建了高标准基本农田建设工程体系。在解析高标准基本农田建设主体内容、影响要素与基本属性的基础上，提出了土地平整、土壤改良、灌溉与排水、田间道路、农田防护与生态环境建设、农田输配电等建设工程体系。

（3）提出了高标准基本农田建设典型工程模式。结合高标准基本农田建设工程类型区划分、建设工程体系构建，以主要障碍性因素、种植制度、利用方式、种植类型、地貌类型为特征，通过“自上而下”的理论分解与“自下而上”的实践总结，在全国范围构建200个高标准基本农田建设典型工程模式。

（4）提出了高标准基本农田建设技术要求。针对现阶段我国高标准基本农田建设综合性强、区域差异大等特点，依据各项工程的建设特点和地方实践，采用定量与定性相结合的方式，提出基础通用性的建设标准和技术要求。

2. 围绕高标准管理，开展基本农田建设管理和评价技术研究

（1）提出了高标准基本农田建设管理程序和建设质量、进度控制方法。根据高标准基本农田建设管理体制现状，提出了规划→基础调查→建设计划→项目实施→基本农田划定→后评价的建设程序，明确了各环节的关键技术要点，明确了高标准基本农田建设项目质量、进度控制方法。

（2）构建了高标准基本农田信息化管理技术方法与规范要求。规范了建设计划、基础调查、实施方案和项目实施的科学化、标准化管理流程与技术要点，规范了地类变更、验收考核、档案管理等技术要求；从属性维度、信息维度和时空维度三方面构建了土地整治信息分类体系，构建了动态监测管理系统，实现了对高标准基本农田建设实施状态的动态管理。

3. 围绕高标准利用，开展高标准基本农田建后管护和科技应用研究

针对现阶段我国高标准基本农田利用主体多元、区域差异大等特点，结合各地实践，采用典型调查和实地验证的方法，提出了高标准基本农田建后管护主体确定和管护资金筹措方式，以及科技应用、灾害防治新技术应用等技术要点。

三、创新要点

高标准基本农田建设是保障粮食安全、提高耕地综合生产能力、发展现代农业的重要基础。为贯彻落实党中央、国务院关于高标准基本农田建设的战略部署，本项目针对高标准基本农田建设目标，从高标准建设、高标准利用和高标准管理三方面，围绕高标准基本农田建设重点区域选择、建设内容与技术要求、建设管理程序与信息化建设等技术环节，形成了一套包括高标

准基本农田建设类型区划分、工程体系构建、工程建设标准、管理技术规范的关键技术方法。项目主要科技创新如下：

1. 以规范高标准基本农田建设内容为目标，构建了高标准基本农田建设工程体系，为高标准基本农田“建什么”提供依据

基于实践发展的需要，在全国不同立地环境和社会实践基础上，分析工程体系不同级次开放程度，给各地执行预留空间，明确工程体系中不同层次的演化模式，设定一级为半开放半封闭式共7项、二级为全封闭式共21项、三级为全开放式共41项的层级体系。

2. 以促进高标准基本农田建设效益发挥为目标，提出高标准基本农田类型区划分理论与方法，划分了全国高标准基本农田建设工程类型区，为高标准基本农田“在哪建”提供技术支撑

（1）构建了全国高标准基本农田建设基础地域单元划分方法。以地域分异、土地适宜性、边际效益等理论方法为指导，从土地原生性障碍因素和土地退化过程两个维度出发，分析不同地形地貌、土壤、自然灾害等自然条件下的高标准基本农田建设类型特征，总结出不同尺度高标准基本农田建设目标和主导因子，将全国划分为土地资源环境特征相对一致的较小地域研究单元。

（2）构建了全国高标准基本农田建设类型区框架体系。统筹考虑不同尺度地域差异和工程组合特征，按照目标、工程内容、工程组合和地域特征一致性原则，根据区域气候、地形地貌、水源、地质和土地利用条件等因素，将全国划分为东北平原区、华北平原区等8个国家级一级类型区和21个二级类型区。

3. 以提高高标准基本农田建设效益为目标，建立了高标准基本农田建设典型工程模式，为高标准基本农田“怎么建”提供范例

建立全覆盖的高标准基本农田建设典型工程模式。在总结全国各省（自治区、直辖市）200多个工程组合模式的基础上，利用一致性原则与实用性原则，以地貌形态为基础，建立由资源环境禀赋、限制性因子、地域组合特征及具体工程措施构建高标准基本农田建设的工程组合，最终通过自下而上的实践总结，将全国层面归纳为25种高标准基本农田建设的典型工程模式。

4. 以提高高标准基本农田建设质量为目标，构建了高标准基本农田建设关键技术指标体系，为高标准基本农田“建成什么样”提供技术依据

（1）建立了高标准基本农田建设关键技术指标的网格化体系。横向采取在典型类型区内选取典型省份分析相应指标内容，纵向分类分层次进行关键技术指标划分与选取，采用4个层次建立高标准基本农田建设关键技术指标的网格化体系。

（2）界定了指标内容与表达方法。运用数理统计基本方法辅以专家经验值检测法对各类指标进行测算与评估，分析各类指标的性质和主要内容，采用定性与定量相结合的方式进行界定，定量指标采用幅度值、上限值或下限值的方式进行表达。

5. 以提高高标准基本农田建设绩效为目标，提出了高标准基本农田建设的管理技术方法与规范要求，为高标准基本农田建设“如何管”提供规范要求

（1）研究建立了适用的高标准基本农田建设程序。从规范宏观管理程序、理顺管理要求、明确管理节点出发，提出了适用于高标准基本农田的建设和管理程序，厘清高标准基本农田建设的基本程序、内在联系与要求，明确建设前、建设中和建设后等管理阶段的基本管理要求，体现了高标准建设、高标准管理和高标准利用的基本技术要求。

（2）规范了高标准基本农田建设统计与信息化基本要求。在土地整治综合配套集成、相关技术规范理论分析和地方实践经验总结的基础上，从项目概况、建设资金、主要工程内容三个方面提出了可行技术路线和管理要求，为促进高标准基本农田管理过程信息化提供了技术保障。

四、成果应用

1. 在政策制度层面的应用

（1）纳入多个国家级规划。《全国高标准农田建设总体规划》、《全国土地整治规划（2011—2015 年）》等都应用了该项研究成果。

（2）纳入国务院及国土资源部的政策文件。工程体系等内容被《国务院关于严格规范城乡建设用地增减挂钩试点切实做好农村土地整治工作的通知》（国发〔2010〕47 号）等多个文件采纳。

（3）形成国家、行业和地方等多项标准。国家标准《高标准农田建设 通则》（GB/T 30600—2014）、行业标准《高标准基本农田建设标准》（TD/T 1033—2012）、《土地整治项目工程量计算规则》等多个技术标准采用了本研究成果。

2. 在实际管理工作中的应用

（1）高标准基本农田建设。近年来，各地以高标准基本农田建设为重点，积极推进农村土地整治等，广泛采纳了本研究成果。

（2）农村土地整治监测监管系统。农村土地整治监测监管系统采用了本研究提出的各级各类各部门建设项目统一“上图入库”和统计内容与要求。

五、主要效益

随着城镇化、工业化、农业现代化和信息化不断推进，耕地保护任务更加艰巨。在新形势下，高标准基本农田建设不仅对保护耕地、节约集约用地至关重要，而且对统筹城乡发展、促进新农村建设意义重大。

多年来，高标准基本农田建设工作在稳定提升耕地粮食综合产能、保障国家粮食安全、巩固农业现代化基础等方面发挥了不可替代的支撑作用。实现“十二五”期间建成4亿亩高标准基本农田的目标，将使我国拥有更多平畴沃土，强化粮食生产的“地基”。

在研究成果的指导下，全国各省（自治区、直辖市）增加了有效耕地面积，完善了农田基础设施，提高了耕地质量，促进了农民增收、粮食增产，改善了生态环境；为实现城镇化、工业化、农业现代化同步发展提供了平台，挖掘了农村地区土地潜力，完善了基础设施建设；提高了农民公众参与程度，保护了农民权益，维护了社会和谐。

土地整理投资标准关键技术研究

一、成果概况

主要完成人：曹海欣、杨剑、赵芳、余建新、陈运春、葛兴燕、张建生、郑宏刚、王建雄

项目来源及编号：2014 年国土资源部部门预算项目“土地整治实施监管与绩效考评”

项目起止时间：2014 年 1 月—2014 年 12 月

二、主要成果

为加强土地整理项目资金管理，提高资金的使用效率，健全土地整理项目造价管理体系，国土资源部土地整治中心于 2014 年研究设立了“土地整理投资标准”课题，并委托云南农业大学国土资源科学技术工程研究中心开展土地整理投资关键技术研究，主要形成六项成果。

1. 构建基本模式

土地整理工程包括土地平整工程、灌溉与排水工程、田间道路工程、农田防护与生态保持工程和其他工程五个方面。基本模式构建综合考虑了工程建设情况、《全国高标准基本农田建设标准》和各省（自治区、直辖市）《土地开发整理项目工程建设标准》，在工程类型区划分及相关土地开发整理工程模式研究成果的基础上，结合影响工程造价的典型特征参数（包括地形地貌、土壤、水文气象、灌溉方式、作物种植制度），以及土地利用方向、工程特征（包括水源类型、取水方式、引水方式、路面材料等），研究提出了土地整理建设的工程组合模式，将具有同一属性的工程模式归类，提炼基本模式，确定相关工程内容和工程量，并以此为依据，用预算推导法对基本模式的单位面积投资标准进行了测算。

2. 完成基本模式的典型工程设计

对不同基本模式进行土地资源、水资源平衡分析，并对土地平整工程、灌溉与排水工程、田

间道路工程、农田防护与生态保持工程及其他工程等进行典型设计；绘制了不同基本模式下的工程平面布置图、单体图、结构图等；测算不同基本模式中各单项、单位工程的分部、分项工程量。

3. 测算基本模式的投资标准

通过测算形成“量”和“价”合一的单位面积投资指标。一是确定了投资标准计算的基期年，根据各区工资标准、材料价格及《土地开发整理项目预算定额标准》（财综〔2011〕128号）进行分部、分项工程综合单价分析；二是以测算单项、单位工程下的分部、分项工程所得工程量为基础，乘以相应的综合单价，逐项、逐级汇总得到单项、单位工程的投资，获得不同基本模式下的单位面积投资（理论值）。

4. 确定影响投资的因子

由于不同地域存在不同的自然条件、资源条件、土地利用条件及工程特性等，导致影响土地整理投资的因子不同，这些影响因子将对工程项目造价产生直接或间接的影响。通过分析研究影响因子与项目投资的关系，找出直接影响因子（工程量、建筑材料、人工工资、税金等）和间接影响因子（地形坡度、土壤含水率、种植作物、降雨量、积温、蒸发量、土壤含水、地形完整度、地区类别等）对工程模式投资的影响，科学、合理地制定土地整理投资标准。

5. 构建投资标准测算模型

依托对典型省调查统计的大量已竣工项目资料和数据分析，借用SPSS软件对历史数据进行多元回归分析，确定回归模型，通过对模型的假设检验确认模型的有效性，以单项工程为自变量构建估算投资的预测模型。

6. 建立动态投资调整机制

一是设定人工、材料单价动态调整。每隔一定时期，随着人工工资水平提高、材料价格波动、国家政策变动等，由财政部、国土资源部联合颁布调整系数，及时调整投资标准。二是根据单项工程配套率进行调整。根据工程的建设程度（全新建设、中度改造、稍加改造）分别调整各单项工程投资，根据土地平整率、灌溉排水工程调整系数、田间道路工程调整系数，对实际工程投资进行修正和调整。最后，不同工程地点与基本模式之间可以通过综合调整系数进行换算，从而获得投资指标（实际值）。

三、创新要点

“土地整理投资标准关键技术”在调查全国已建、在建和拟建土地开发整理项目的基础上，对典型项目资料分析、归类后，结合全国土地整理项目八大工程类型区的实际特点，概括出了具有代表性且基本涵盖全国的 22 个基本模式。“土地整理投资标准关键技术”以八大工程类型区代表省为基准值，以 2009—2013 年第四季度的价格为基础，用平滑指数法预测近期的价格计算投资指标值。通过分析影响土地整理投资的“量”和“价”的影响因子，构建影响土地整理投资的因子指标体系，运用专家咨询法，经过多轮筛选确定主导因子一级指标 3 个、二级指标 13 个、三级指标 28 个。

“土地整理投资标准关键技术”系统总结归纳了全国各地土地开发整理项目工程类型和内容，通过开展典型省份已建、在建土地整理项目的数据调查和实地调研，结合土地开发整理工程建设标准和相关行业规范和规程，分析影响投资的因子，构建影响投资的因子体系，提炼土地整理建设基本模式，并对各类基本模式进行工程内容优化配置和单项工程典型设计，计算不同基本模式下的单位面积投资额度，进而构建土地整理基本模式与投资标准体系，为健全土地开发整理项目预算管理技术标准奠定了坚实基础。

四、成果应用

“土地整理投资标准关键技术”是“土地整理投资标准”的核心组成部分。“土地整理投资标准”在高标准基本农田建设补助资金和土地整治重大工程资金审核和确定过程中提供决策依据，在土地整治规划编制资金筹措过程中提供测算依据，为相关设计单位合理确定各级土地整治规划、高标准基本农田示范县建设方案等的投资规模、编制投资估算提供依据，为各地开展土地整治“以奖促建”“以补代投”试点工作、制定高标准农田建设和重大工程奖补政策、合理确定奖励或补助资金额度提供参考。

五、主要效益

“土地整理投资标准关键技术研究”是“土地整理投资标准”的重要组成部分，其研究成果为土地整理项目可行性研究阶段、规划设计阶段、项目审查和多渠道资金的投入等提供参考，为指导全国土地整理建设投资的合理性、因地制宜合理安排资金、避免全国各地出现过大投资差异、指导各地土地整理工作规范有序开展提供有力支撑。

农田基础设施工程集成技术与模式研究

一、成果概况

主要完成人： 郧文聚、康绍忠、彭世琪、王素芬、薛剑、钟永红

项目来源及编号： 公益性行业（农业）科研项目“现代农业产业工程集成技术与模式研究”（200903009）

项目起止时间： 2009 年 1 月—2013 年 12 月

知识产权支持及获奖情况： 大北农科技奖创意奖

二、主要成果

研究形成年度研究报告 5 份、调研报告 4 份，出版专著 2 部，发表论文 39 篇，培养博士生 5 名、硕士生 8 名。

1. 技术分类研究

按照农田基础设施发展的特点和目标，将实现农田基础设施工程的完整功能作为技术分类的依据，在遵循分类层次性、现实性和稳定性的基础上，采用线分类法进行农田基础设施工程技术类型划分，将农田基础设施工程技术划分为土地平整工程技术、灌溉与排水工程技术、农田道路工程技术、农田防护林工程技术、农田输配电工程技术、农机配套工程技术和晒场工程技术等 7 大类、17 中类、46 小类和 200 余个子类，为开展农田基础设施工程技术集成奠定评价基础。

2. 工程标准体系研究

农田基础设施工程建设标准体系的构架需要农业工程理论作指导。构建农田基础设施工程建设标准体系，就是立足现代农业工程的发展，围绕农田基础设施工程的分类与内涵，依据农田基础设施工程建设标准体系的构建原则，将农田基础设施工程建设标准贯穿到农田基础设施的整个

产业链中，最终科学、合理地提出农田基础设施工程建设标准体系的构架和农田基础设施工程标准明细表（图 1）。

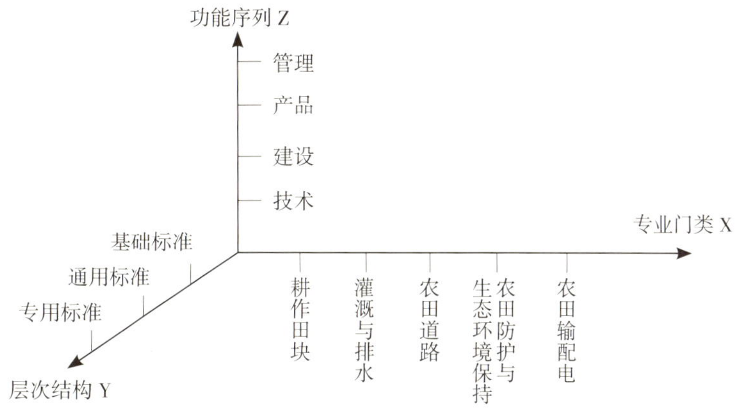

图 1　农田基础设施工程标准体系框架

3. 工程技术集成研究

以农田田块、灌溉与排水系统、农田道路、农田防护林、农田输配电系统、晒场、农机配套设施等农田基础设施要素为基础，在现有各要素工程技术的基础上，完善和有机协调各环节工程技术，集成为农田基础设施工程技术（表 1）。

表 1　农田基础设施工程技术集成方案

方案名称	方案内容	适用条件（气候、作物、地形等）	适用区域	作用与效果
东北地区农田基础设施工程技术集成方案	条田修筑技术＋机井工程技术＋田间道路工程技术＋水泥晒场工程技术＋农田林网工程技术	一年一熟小麦、玉米、水稻种植平原区	东北平原	提高耕作便利度、提高灌溉保证率
西北干旱区农田基础设施工程技术集成方案	机井工程技术＋明渠工程技术＋条田修筑技术＋田间道路工程技术＋农田林网工程技术＋输电工程技术＋配电工程技术	降雨较少的小麦、玉米种植平原区	西北干旱区	提高灌溉保证率和灌溉效率
华北平原水田区农田基础设施工程技术集成方案	格田修筑技术＋机井工程技术＋明渠工程技术＋田间道路工程技术＋农田林网工程技术＋输电工程技术＋配电工程技术	一年两熟水旱轮作平原区	华北平原区	增加田块面积，从而提高农机效率和农机化水平，提高灌溉保证率

4. 工程模式优化研究

在现有农田基础设施工程技术的基础上，依据存在的诸多问题，针对不同区域分别提出改进措施，在技术集成的基础上直观表达形成适应不同区域和自然条件的农田基础设施工程技术模式（表 2）。

表 2　农田基础设施工程模式

模式名称	模式内容	适用条件（气候、作物、地形等）	适用区域	作用与效果（包括产业推广前景）
东北平原一年一熟制水田建设模式	田间道路修筑 + 条田修筑 + 晒场建设 + 农田林网建设 + 管护工程	一年一熟小麦、玉米、水稻种植平原区	东北平原	提高耕作便利度和灌溉保证率，从而提高农业现代化水平和农业效益
西北干旱区机井布局优化模式	机井布局优化 + 灌溉渠系建设 + 隔沟灌溉 + 条田修筑 + 输配电建设	降雨较少的小麦、玉米种植平原区	西北干旱区	提高灌溉保证率和灌溉效率，隔沟灌溉易于推广
华北地区一年两熟制水田建设模式	格田修筑 + 机井建设 + 管溉渠系建设 + 田间道路修筑 + 农田林网建设 + 输配电建设	一年两熟水旱轮作平原区	华北平原区	增加田块面积，从而提高农机效率和农机化水平，提高灌溉保证率，宜在政府主导下推广
山东微灌施肥模式	微灌设施建设	一年两熟小麦、蔬菜种植丘陵或平原区	山东半岛	提高灌溉用水利用率和肥料利用率，便于推广

5. 典型研究成果

（1）薛剑，郧文聚，杜国明，等 . 基于遥感的现代与传统农业区域土地利用格局差异分析 [J]. 农业工程学报，2012，28（24）：245–251.

（2）薛剑，韩娟，刘玉，等 . 河南省县域粮食生产格局变化及其影响因素 [J]. 地域研究与开发，2013，32（4）：150–155.

（3）刘建生，郧文聚，赵小敏，等 . 基于差距度与投资度的高标准基本农田建设研究与应用 [J]. 中国人口 · 资源与环境，2014，24（3）：49–55.

（4）刘建生，郧文聚，赵小敏，等 . 农村居民点重构典型模式对比研究 [J]. 中国土地科学，2013，27（2）：32–40.

（5）郑睿，康绍忠，胡笑涛，等 . 水氮处理对荒漠绿洲区酿酒葡萄光合特性与产量的影响 [J]. 农业工程学报，2013，29（4）：133–141.

（6）刘鑫，王素芬 . 灌区机井布局理论及方法研究进展 [J]. 节水灌溉，2012（1）：70–74.

（7）刘鑫，王素芬，郝新梅 . 红崖山灌区机井空间布局适宜性评价 [J]. 农业工程学报，2013，29（2）：101–109.

（8）陈红宇，朱道林，郧文聚，等 . 嘉兴市耕地细碎化和空间集聚格局分析 [J] . 农业工程学报，2011，28（4）:235–242.

（9）何华，李俊良，郝庆照，等 . 不同灌溉施肥方式对大棚樱桃番茄产量和品质的影响 [J].

现代节水高效农业与生态灌区建设 [M]. 昆明：云南大学出版社，2010.

（10）杜森 . 华北地区节水农业发展现状及对策 [J]. 中国农技推广，2013，29（6）：43-44.

（11）郧文聚 . 没有农田整治，就没有现代农业 [J]. 中国土地，2010（11）：13-14.

（12）郧文聚 . 关于加快土地整治创新的思考 [J]. 华中农业大学学报（社会科学版），2011（6）：1-5.

（13）He Hua, Li Junliang. Effect of irrigation and fertilization methods on cherry-tomato yield and nutrient utilization in greenhouse[J].2011 International Conference on Remote Sensing, Environment and ransportation Engineering, RSETE 2011: 1143-1146.

（14）He Hua, Li Junliang. Effect of irrigation and fertilization methods on yield and fruit quality of film-mulched watermelon in greenhouse[J].2011 2nd International Conference on Mechanic Automation and control Engineering,MACE 2011.

图 2 相关研究成果

三、创新要点

（1）对农田基础设施的内涵做了深入研究，创新性地提出“良田工程建设”的指标框架体系，对农田基础设施关键技术分类与评价进行了系统研究，对典型区域农田基础设施建设的薄弱环节进行了诊断，提出了优化农田基础设施的技术集成方案，构建了农田基础设施标准体系，为我国高标准农田建设奠定了良好的技术基础，研究成果在国内同类研究中达到领先水平。

（2）通过试点示范，凝练出黑龙江富锦现代农业、河南原阳引黄灌区、甘肃武威西北旱区绿洲农业和山东烟台现代灌溉农业等典型区域的农田基础设施优化模式，为相关区域农田基础设施建设提供了科学依据和有效途径。

四、成果应用

（1）《高标准基本农田建设标准》（TD/T 1033—2012）应用本项目研究成果，把农田基础设施中土地平整工程、灌溉与排水工程、田间道路工程、农田生态工程等相关指标写入标准。

（2）《高标准农田建设 通则》（GB/T 30600—2014）吸收了项目相关研究内容，如高标准农田建设内容，包括土地平整、土壤改良、灌溉与排水、田间道路、农田防护与生态环境保持、农田输配电及其他工程。

（3）《国土资源部关于加快500个高标准基本农田示范县建设的意见》（国土资发〔2012〕147号），在总体思路和原则中明确提出“通过建立健全制度体系，形成高标准建设、高标准管护、高标准利用高标准基本农田的长效机制”，体现了项目研究成果。

（4）建议将“良田工程”纳入国家”十二五”规划《思想理论内参第15期（总第424期）》。《国民经济和社会发展第十二个五年规划纲要》中指出：“严格保护耕地，加快农村土地整理复垦……大规模建设旱涝保收高标准农田。”

（5）国务院批复的《全国高标准农田建设总体规划》中，建设标准和建设内容包括“整治田块、建设排灌设施、整修田间道路、完善农田防护与生态环境保持体系、配套农田输配电设施、改良土壤、加强农业科技服务（含农机）、强化后续管护”等内容，体现了项目提出的高标准建设、高标准利用、高标准管护的思想。

五、主要效益

通过农田基础设施工程整治，示范节地、节水、生态化设计优化配置，建立大面积农田基础设施整治与节水资源配置科学合理的可持续发展示范样板。华北地区一年两熟制水田建设模式，原阳县菜吴村农田基础设施整治前后耕地质量普遍提高 1~2 个等别，每年可以增产粮食 224390 千克，全村年均增收 44.88 万元；甘肃武威西北旱区绿洲农业农田基础设施模式，机井运行管理费用降低 20%，渠系输水损失减少 25%，末级渠系工程费用降低 15%，田间灌水均匀度提高了 15%~20%，农机工作行程率提高了 10%~15%，田块单位面积净效益增加 20%，经济效益、社会效益、生态效益明显。

可持续土地利用数字化平台技术研究与示范

一、成果概况

主要完成人： 罗明、张清春、王敬

项目来源及编号： 国际科技合作重点项目“可持续土地利用数字化平台技术研究与示范”（2006DFA11310）

项目起止时间： 2007 年 1 月—2008 年 12 月

知识产权支持及获奖情况： 获得计算机软件著作权 6 项，2011 年度国土资源科学技术奖二等奖

二、主要成果

项目针对土地利用全过程动态评价与监测决策的技术问题开展研究，采用空间决策支持系统技术，从决策资源（数据）的构建、决策模型的建立和决策支持平台的研制三个层面，构建了基于遥感影像、无线网络传感器等的土地利用典型地物识别和提取技术；建立了土壤、生态、气象数据等数据获取及土地利用动态评价和决策模型；基于空间决策支持系统，研制了土地利用数字化管理平台，形成了数据传输、处理、决策和管理的一体化决策支持平台。

主要创新包括：构建了基于遥感影像、无线网络传感器等的土地利用典型地物识别和提取技术；开展了土地利用类型分类方法研究，为土地利用监测对比分析提供数据支持；开展了土地利用信息变化监测对比方法研究，实现了土地利用变化监测；提出了一系列工程数量、质量评价和决策模型，为土地利用项目管理决策提供了理论基础；构建了土地利用数字化管理平台，形成了数据传输、处理、决策和管理的一体化决策支持平台。

项目获得计算机软件著作权 6 项，公开发表科研论文 14 篇，其中 SCI 检索 3 篇、EI 检索 10 篇。

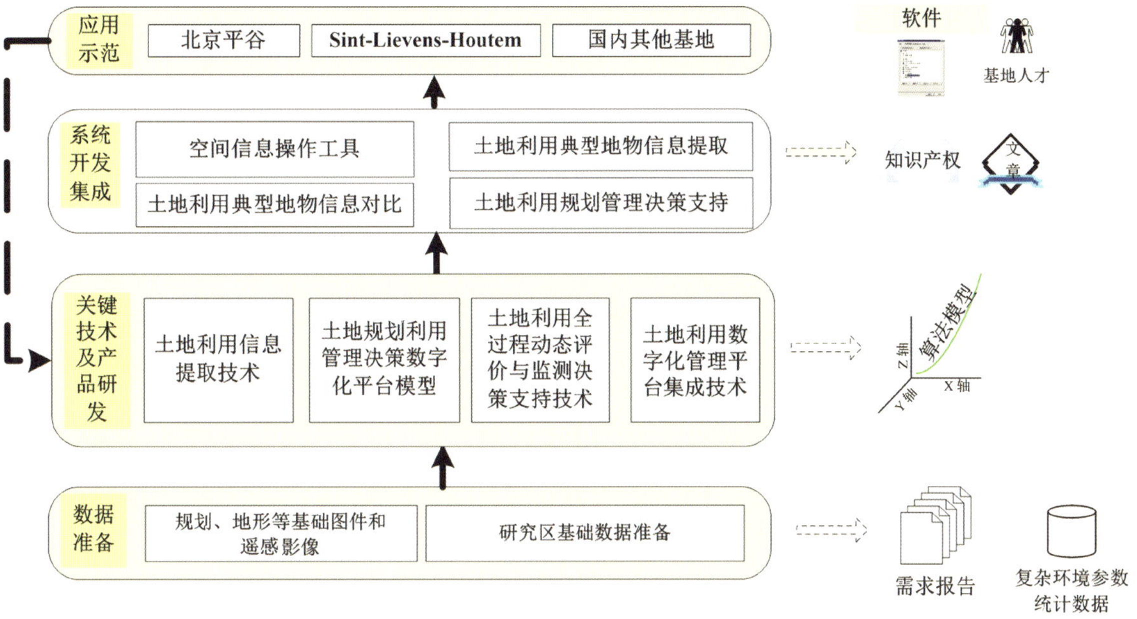

图 1 项目研究技术路线

三、创新要点

1. 研发了土地利用典型地物信息提取技术，为土地利用评价和监测提供数据支持

（1）研究和实现了基于模板匹配的小地物提取算法。在进行点状地物提取之前，首先进行数据预处理（图 2），然后根据农田水利工程等点状地物的特点，利用土地利用规划图，实现整理区遥感数据和规划数据的粗配准，生成农用井矢量图层。之后生成模板，遍历计算遥感图像和模板影像的灰度相关系数，从而完成对小目标地物的监测。

图 2 野外调查——光谱分析

图 3 道路提取的结果

（2）研究了启发式图搜索方法和 LSB-Snakes 算法。根据田间道路工程、生态防护林工程等地物特点，充分运用土地利用规划图信息、纹理信息和道路模型，设计了包含客户层、功能层、数据层三层结构的系统，实现线状地物提取，并通过 Snake 模型把各段道路连接为一个整体，从而实现土地利用工程线状地物信息自动和半自动提取（图 3）。

2. 提出了土地利用类型分类方法，为土地利用类型变化监测提供理论和数据支持

（1）对不同时相、不同波段组合的影像进行了非监督分类和监督分类，对监督分类结果进行分类精度评价。研究结果表明，利用波段组合和融合后进行分类，分类总体精度提高不明显，利用 SPOT 5 多光谱影像和植被指数图像进行组合，组合后的 8 个波段图像结合地面调查的地物高光谱特征进行详细的地物分类，可以有效地提高分类精度，总体分类精度为 85.48%，Kappa 系数为 0.82，满足了地物调查分类的精度需要。

（2）根据土地平整工程等涉及项目遥感信息和高空间分辨率影像特点，在监督分类和非监督分类工具中集成研究并编程实现了神经网络和马尔科夫的分类算法。完成了针对高分辨率影像的土地利用项目工程分类方法、分类后处理工具、信息提取及变化检测工具等，并开发了相应的功能模块。

3. 提出了土地利用典型地物要素变化定量化对比方法，为实现土地利用工程实施进展监测提供理论基础

重点实现了土地利用区点目标、线目标和面目标的变化监测。其中，点目标、线目标的变化监测主要通过遥感图、现状图与规划图间的图像对比实现，寻求土地利用规划空间位置、面积、植被覆盖类型、基础设施的变化定量化对比方法。在土地利用知识信息的支持下，通过影像纹理分析，得出工程前、后影像变化的定量和定性等对比结果。提出了面向对象的土地利用类型监测算法。

4. 建立了一系列的工程数量、质量评价和决策模型，为土地利用项目管理决策提供理论基础

针对多级土地利用管理决策需求，建立了土地利用遥感动态监测、土地利用评价、土地利用结构优化、土地利用变化预测等相关模型与算法。

（1）运用主成分分析方法，对影响研究区的主要土地利用变化驱动力进行了分析；同时，分析了土地利用类型动态变化度、土地利用偏离度、土地利用类型多样性、土地利用程度变化、土地利用类型布局变化等，总结研究区的土地利用变化规律，针对土地利用类型的数量及空间格局的预测，在对目前国内外先进的预测模型进行研究并加以改进的基础上，建立了适合研究区的土地利用变化预测模型。

（2）采用特尔菲—加权求和算法，计算土地利用自然质量分，通过指定作物土地利用系数和

土地经济系数修正，最终构建了土地利用分等模型。

（3）对土地利用结构和布局调整的流程、原理及依据进行了研究，在此基础上研究了土地利用结构优化、优化方案评价及用地配置中成熟的应用模型，主要采用线性规划法、多目标规划模型、灰色线性规划及灰色多目标规划模型。

5. 构建了基于遥感和地理信息系统的土地利用数字化管理平台，为土地利用管理提供技术支持

在系统研制开发方面，采用国外先进技术，利用现有技术手段，并考虑土地利用项目的实际，充分结合我国国情，降低了造价，提高了与国外产品的竞争力；强调系统性和实用性，与相应的技术应用紧密配合，在系统集成方面取得了技术创新。在应用技术研究方面，重点应用“3S”技术研发土地利用数字化平台。对研究区土地利用变化的主要驱动力因子、土地利用变化情况及其变化规律、土地利用变化预测等进行了研究，在此基础上运用土地利用变化驱动力分析模型，建立了土地利用变化模型、土地利用变化预测模型；初步构建了土地利用变化驱动力自然、社会经济因素及土地利用变化成功案例库，设计了土地利用变化预测的模型库、规则库和知识库；建立了土地利用质量评价指标因子体系，并在此基础上设计了土地利用质量评价模型库、知识库（图4，图5）。研制和开发了可持续土地利用数字化平台，在此基础上建立了可持续土地利用数字化原型系统。该平台主要包括4个子模块：土地利用遥感监测模块、土地利用评价模块、土地利用结构优化模块和土地利用变化预测模块。

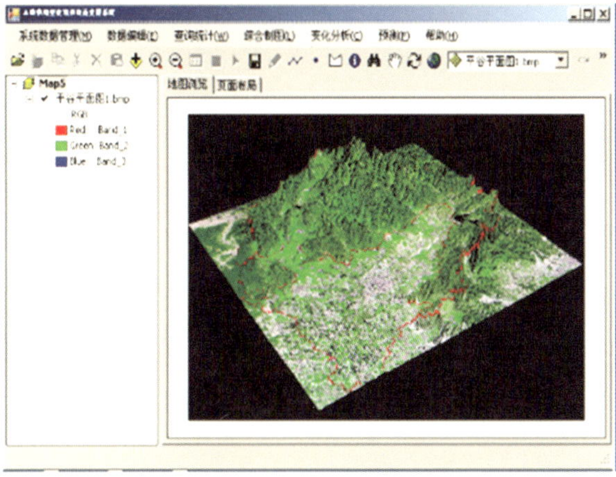

图4 土地利用变化预测决策支持系统主界面

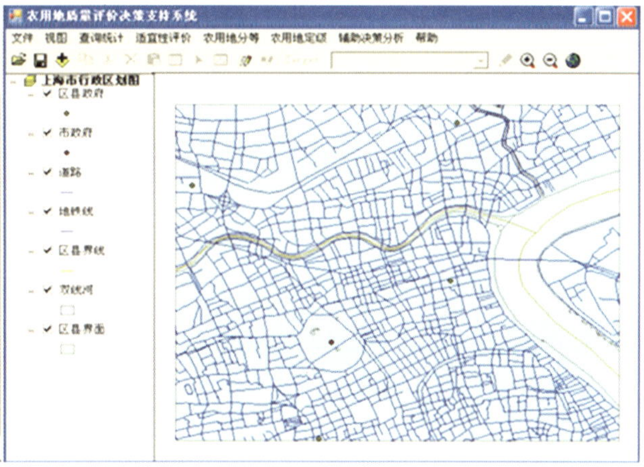

图5 土地利用质量评价子系统主界面

四、成果应用

项目研发的土地利用数字化平台系统在广西壮族自治区国土资源厅土地整理中心的土地利用实际工作中得到了初步应用，并应用北京平谷区、北京顺义区、辽宁阜新市、湖南湘潭市的项目

数据进行了运行测试。结果表明：

（1）该系统采用空间决策支持系统技术，基本实现了数据传输、处理、决策和管理的一体化。

（2）该系统实现了基于高分辨率卫星影像的土地利用点状地物、线状地物及面状地物信息的提取和土地利用工程实施过程遥感信息对比。

（3）应用该系统可以方便地建立大比例尺度的影像库和矢量库，生成的图件可用在土地利用项目的前期准备、评价与审查阶段。项目研究成果为土地利用工程项目的前期准备、立项审查、实施管理、竣工验收及动态评价等工作提供了切实有效的技术支持，对提升土地利用监管工作的针对性和有效性发挥了积极的支撑作用。

五、主要效益

土地利用工作涉及面广、影响范围大，是一项长期而复杂的系统工作。本项目在土地利用工作中可以起到以下作用：

（1）利用遥感和地理信息系统技术获取的土地利用信息，可以为土地利用评价和监测提供更加科学、合理、直观的决策支持手段。通过对土地利用时空变化特征进行分析，可以对土地利用情况进行实时监测，及时、全面、客观地反映土地利用状况，有利于及时发现土地利用中不合理的现象，为制定长期、可持续的土地利用规划方案提供依据。

（2）以遥感和地理信息系统为支撑，用数字化技术对土地利用所涉及的现象和全过程进行数字化及可视化表达、设计、控制、管理的现代高新技术体系，是一种全新的土地利用实施和管理方式，使数字化技术参与到土地利用的各个环节，可从根本上改变传统的土地利用实施与管理方式，具有广阔的发展前景。

土地整理项目后评价信息化技术和应用示范研究

一、成果概况

主要完成人：古志新、孟宪素、翟刚、李华、姚艳、章远钰、王莉莉、王艳松、魏华、谢彧

项目来源及编号：国家科技支撑计划项目“土地整理实施信息化管理技术研究”（2008BAB38B04）

项目起止时间：2009 年 1 月—2011 年 6 月

二、主要成果

1. 全国土地整理工程类型区划分与评价研究

通过介绍土地整理工程类型区划分所涉及的相关概念、基础理论等内容，按类型区划分原则和方法，形成全国土地开发整理工程类型区划分成果，并在此基础上，采用目标解析法逐层分解目标，总结各类型区绩效评价内容，构建绩效评价指标体系及评价模型。

（1）全国土地整理工程类型区划分情况。全国土地整理工程类型区划分一般采用两级系统：一级分区的依据是地形地貌、气候条件、土壤条件、土地开发整理的侧重方向及土地利用的一致性等综合状况，突出地域，体现类型；二级分区结合研究区域内的相似性和差异性，确定不同的土地开发整理工程模式，进一步将一级区划分为不同模式的组合，突出类型，体现地域。划分方法采用空间叠置法和指标聚类分析法。通过应用 MapGIS 空间叠加的方法，将中国土地利用区划、农业综合区划进行叠加处理，然后利用土地开发整理分区的功能特性指标进行聚类分析形成（图 1）。

（2）国家一级类型区土地整理工程绩效评价指标体系。通过分析定位土地整理工程建设的总目标和子目标，同时结合各类型区特点，从经济效益、社会效益、生态效益三方面构建指标体系，评价土地整理工程对类型区产生的影响和贡献（图 2）。

国家一级类型区		国家二级类型区	
A	东北平原类型区	A_1	浅丘漫岗类型区
		A_2	平原低地类型区
B	华北平原类型区	B_1	山麓平原类型区
		B_2	冲积平原类型区
		B_3	滨海平原及低地类型区
C	北方山地丘陵类型区	C_1	基岩风化残坡积类型区
		C_2	黄土沉积物侵蚀类型区
D	黄土高原类型区	D_1	黄土塬地类型区
		D_2	黄土丘陵沟谷类型区
		D_3	黄土川、台地类型区
E	内陆干旱类型区	E_1	引(提)河(黄)灌溉类型区
		E_2	盆地绿洲灌溉类型区
		E_3	西部风蚀沙化类型区
F	南方平原河网类型区	F_1	河网滩涂类型区
		F_2	河谷平坝类型区
G	南方山地丘陵类型区	G_1	丘岗类型区
		G_2	冲垄类型区
H	西南高原山地丘陵类型区	H_1	高原类型区
		H_2	紫色砂岩类型区
		H_3	岩溶类型区

图 1　全国土地整理工程类区划分成果

目标层	准则层	指标层
综合绩效评价（22）	经济效益	耕地面积增加率C_1
		土地利用率增量C_2
		新增农田灌溉面积C_3
		新增农田防涝面积C_4
		农地单产增加率C_5
		机械化作业率增加值C_6
		静态投资收益率增加值C_7
	社会公正	新增耕地可供养人数增加值C_1
		项目建设受益人数增加值C_2
		农民收入增长率C_3
		劳动力就业变化率C_4
		土地权属纠纷发生率降低值C_5
	生活生产条件改善	合村并点整理后新中心村数量增加值C_1
		农村道路便捷度提高程度C_2
		坡地变梯田的数量C_3
		防灾、减灾能力提高程度C_4
	生态效益	规模经营提高程度C_5
		林草覆盖率增加值C_1
		绿色植被覆盖率增加值C_2
		防护林保护面积增加C_3
		水土流失治理面积增加值C_4
		环境协调系数C_5

图 2　绩效评价指标体系

2. 土地整理项目数据库共享机制研究

为满足土地整理复垦开发项目监督管理的新要求，国土资源部完善了土地整理复垦开发项目信息报备功能，并将耕地占补平衡的管理功能独立出来，形成了耕地占补平衡动态监管系统。以国土资源业务网和互联网两网为部署平台，实现了以下功能：在线报备、全程监管；网络配号制度，生成全国唯一项目编号；自定制统计功能；在线监测监管等。保证各级国土资源部门和各个国土资源系统数据的充分利用和共享。

（1）系统体系结构。系统选择多层应用体系结构模型作为应用体系结构（图 3）。

（2）平台架构。系统在 WCF 参考架构的基础上，结合电子政务平台的组成，设计了基于 WCF 的电子政务系统架构（图 4）。

（3）系统网络部署。系统分别在主干网和互联网部署两套系统，数据库和服务器部署在国土资源部，各级用户可以通过浏览器进行在线数据填写、数据上报、数据浏览和查询统计等（图 5）。

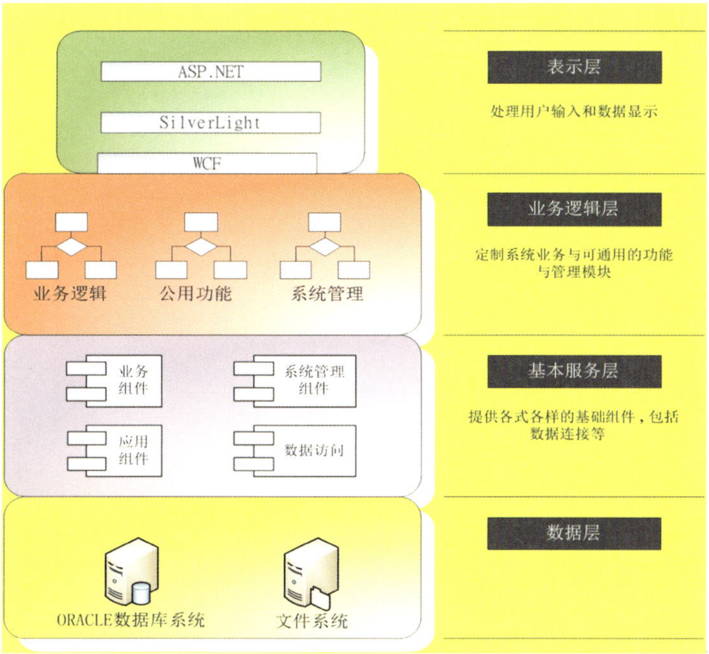

图3　多层应用体系结构模型

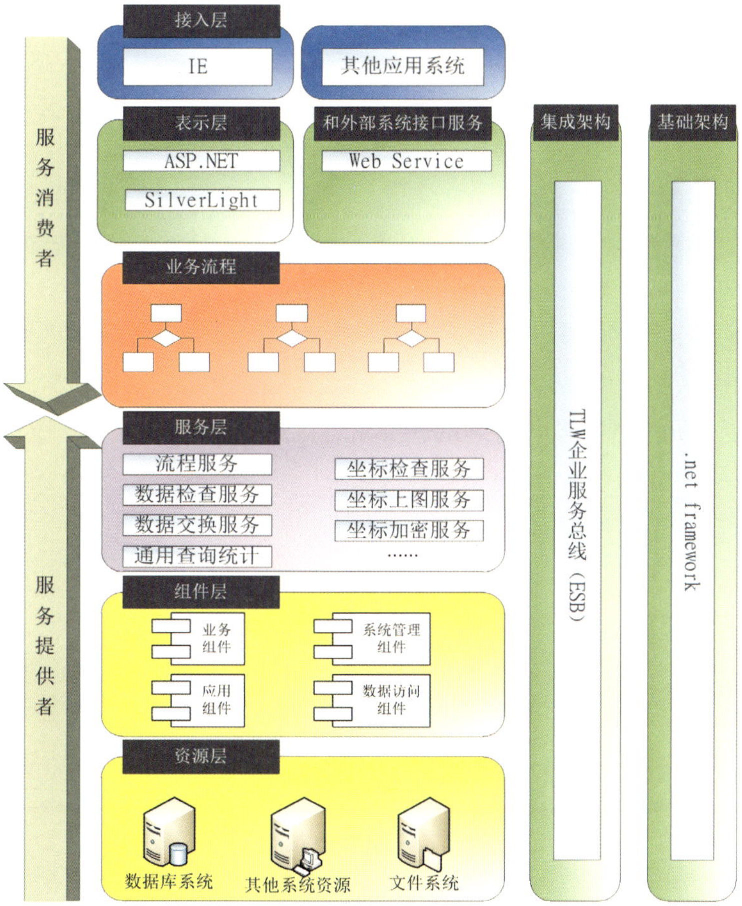

图4　平台架构

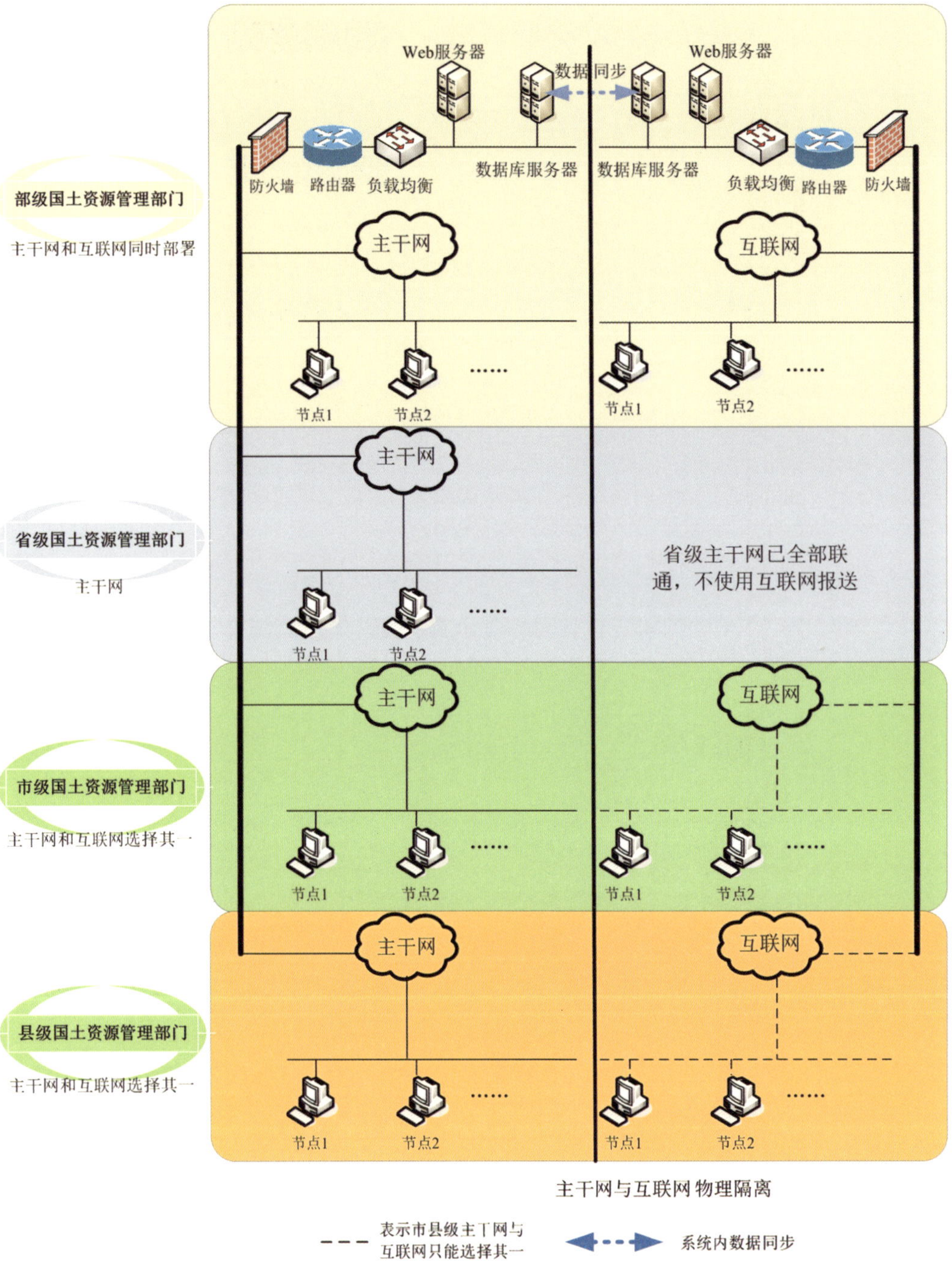

图 5　系统网络部署

（4）数据库共享。耕地占补平衡动态监管系统从本系统中获取补充耕地来源，并与使用耕地的建设用地项目进行占补挂钩。通过系统之间的强制关联，有效落实了“占一补一，先补后占”的国家政策。系统在互联网和主干网上同时部署，由用户手工进行预定指标操作，核销指标由审批系统和备案系统在主干网自动生成，建立内外网两个数据库的融合机制，定期对两个数据库进行同步复制（图 6，图 7）。

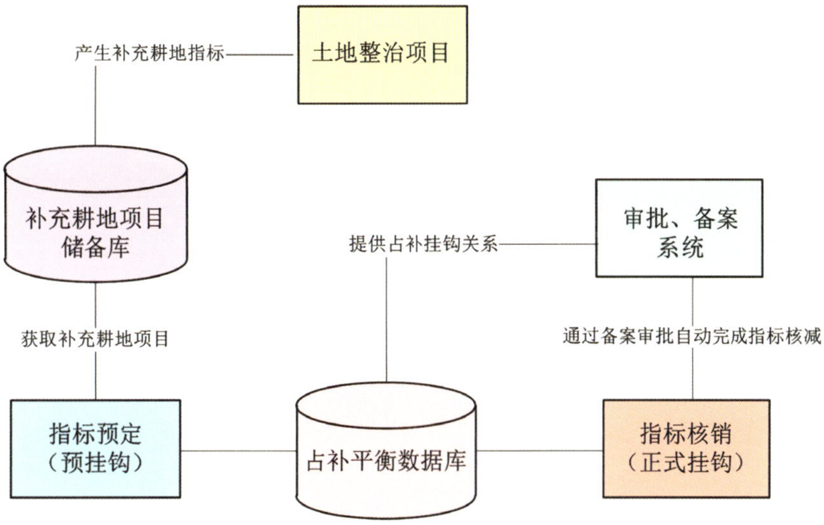

图 6　系统架构

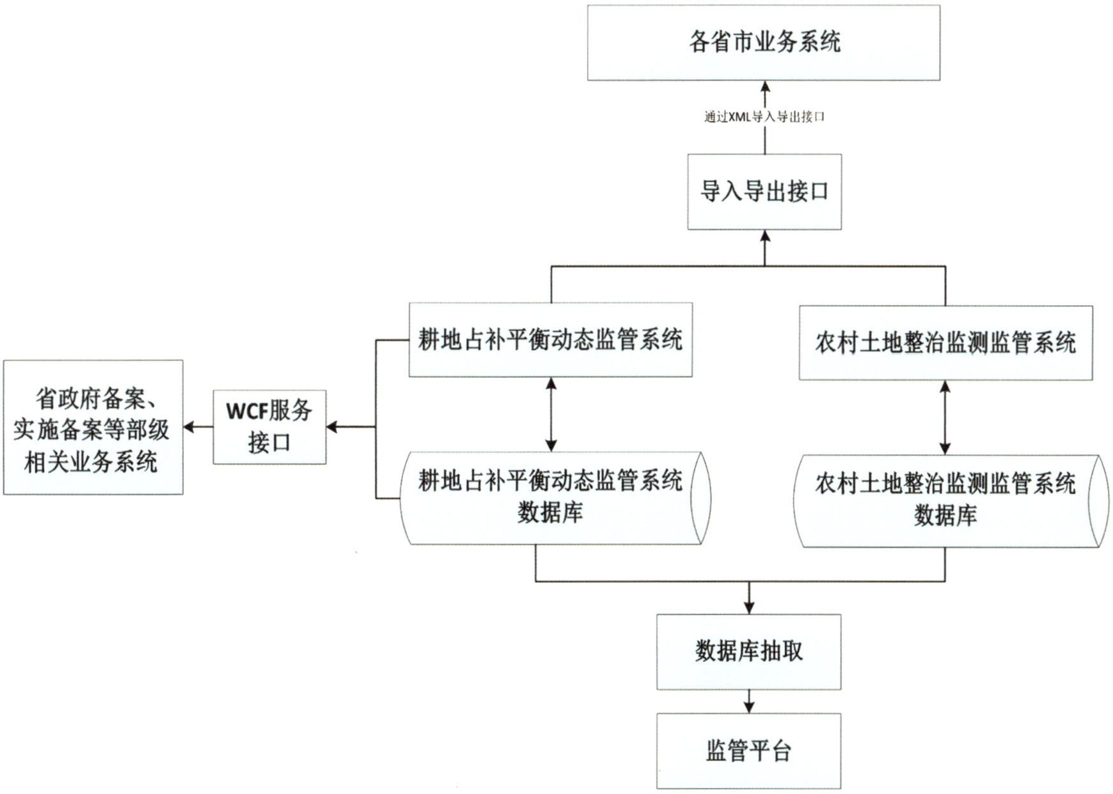

图 7　数据共享架构

（5）关键技术。系统基于 ATL 模板库，采用 AES 加密算法和动态密钥管理，设计实现了关键信息加密解密控件。系统采用定期两网数据同步机制，保证两网同时运行中数据的完整性和一致性；实现了复杂和缜密的数据同步逻辑模块功能、用户和项目信息的数据迁移功能。

三、创新要点

（1）通过利用 MapGIS 空间叠加的方法，将中国土地利用区划、农业综合区划进行叠加处理，所得结果作为宏观控制的土地开发整理分区方案基础，然后利用土地开发整理分区的功能特性指标进行聚类分析，形成全国土地整理工程类区划分成果，突破了传统的地域划分和类型划分各成独立系统的做法，是从土地整理工程实践出发的创新性概念。

（2）采用层次分析法（AHP 法）确定权重。通过将复杂问题分解为若干层次和若干因素，在各因素之间进行简单的比较和计算，得出不同因素的权重。该方法可以将专家定性的群体决策转变为具有较强科学性的定量决策，能够修正专家打分法的主观性缺陷，为指标权重的确定提供科学依据。

（3）与土地整理项目报备指标相衔接，以信息的可获取性和可操作性为前提，针对不同的土地整理工程类型区，采用目标解析法逐层分解目标，总结出各类型区绩效评价的内容，在综合考虑生态效益、经济效益及社会效益的基础上，构建绩效评价指标体系及评价模型，为土地整理项目的后续管理提供依据。通过构建评价指标体系，建设土地整理项目评价指标数据库，可加强土地开发整理项目申报、实施及验收等标准化建设，促进土地开发整理事业的信息化管理水平。

（4）通过采用两网数据定期同步机制，建立国家级土地整理项目数据库和省级土地整理项目数据库之间数据共享与互操作机制，充分利用各省（自治区、直辖市）现有土地整理项目数据库信息，形成各级数据库建设规范，保证两网同时运行中数据的完整性和一致性。运用数据库、WCF 服务接口和系统导入导出接口三种方式实现了与其他相关业务系统和各地省市业务系统之间的数据共享及数据交换，以保证系统的可维护性、可扩展性、可靠性、安全性等。

（5）土地整理项目数据共享采用了关键信息加密解密技术。土地整理项目信息中包含一些项目关键信息，为防止项目关键信息在网络传输过程中发生泄密，要求对项目关键信息进行加密、解密及无损处理。系统采用 AES 加密算法和动态密钥管理，设计实现了关键信息加密解密控件，用户填报项目信息时，控件自动下载安装完成。

四、成果应用

本研究形成土地整理工程类型区划分及评价指标体系与评价标准研究报告 1 份，土地整理项目数据库共享机制研究报告 1 份，发表科技论文 1 篇，完成了辽宁、黑龙江、新疆、贵州和福建 5 个省（自治区）的应用示范工作。对类型区土地整理项目绩效进行了科学、全面的评价，为土地整理项目的后续管理提供依据；通过构建评价指标体系，可以合理地确定土地整理工程建设标准，加强土地开发整理项目申报、实施及验收等标准化建设；与土地整理复垦开发项目信息报备系统相衔接，实现各级国土资源部门系统数据的充分利用和共享，提高了土地开发整理项目信息化管理水平。

五、主要效益

研究内容可以直接为土地整理项目后评价提供理论基础，结合地域适宜性，将研究成果转化为生产力，实现推广应用价值，从而显化其市场价值和经济效益，主要表现在可以促进耕地数量增加、土地利用率提高、粮食产量水平提高、单位面积投资力度加大、投资收益率增加等方面。通过加强农田水利建设，改善农业综合生产条件和农民生产生活条件，协调城乡、区域发展，改善生态环境，促进类型区可持续发展。研究成果还为土地整理项目信息化管理提供了理论基础和技术支撑，促进了土地整理项目信息化建设与管理水平。

土地整治技术标准体系研究

一、成果概况

主要完成人：李红举、梁军、苗利梅、杜亚敏、王敬、肖文、任君杰、李宇彤、金晓斌、项晓敏、申文金、邓玲、郑宏刚、余建新

项目来源及编号：2013 年国土资源部部门预算项目“土地整治实施监管与绩效考评”

项目起止时间：2013—2016 年

二、主要成果

（1）基于我国标准化政策要求和土地整治业务类型的全面分析，结合考虑土地整治事业发展需要，组织开展了标准体系理论方法、标准体系构建和土地整治工程体系等专题研究，形成了《土地整治技术标准体系构建理论方法研究报告》《土地整治技术标准体系构建研究报告》《土地整治综合类标准体系研究报告》《土地整治工程技术类标准体系研究报告》4 个专题研究报告。其中，在土地整治技术标准体系构建上，开展了综合技术、专业规划、项目管理、装备与设备等专业序列研究，掌握了土地整治技术标准体系构建方法和土地整治工程技术，奠定了土地整治标准体系构建的理论基础。

（2）基于土地整治标准化工作需求和涉农部门标准化工作内容，开展了专题调研，了解了地方和有关行业土地整治标准化工作需求，编写了《土地整治地方标准化建设情况调研报告》和《相关行业标准化建设调研报告》。从 2013 年开始，课题组连续 4 年组织开展土地整治地方标准化工作调研，完成了 18 个省（自治区、直辖市）土地整治标准建设情况调研，在土地整治项目区召开由建设、设计、施工、监理、审计、质监等单位参加的标准化座谈会 20 余次，完成问卷调查报告 3 份、调研报告 4 份。2013—2014 年，分别到建设、水利、农业、交通和林业等行业标准化工作机构进行座谈，了解了相关行业标准化工作的主要做法。

（3）基于专家研讨论证，对土地整治技术标准体系框架和标准名称进行修改，讨论形成了《土

地整治技术标准体系》。先后 3 次召开由省级土地整治技术负责人参加的标准化工作座谈会，共有 24 个省（自治区、直辖市）、50 余人参加；先后有来自国家标准委、水利部、农业部、交通运输部、中国科学院、中国水利水电科学研究院、中国农业大学、中国人民大学、北京大学、南京大学、中山大学、浙江大学、云南农业大学、北京建筑大学等部委和科研院所的 100 多名专家、教授、学者和技术人员参加了土地整治技术标准研讨会，共 11 次对土地整治技术标准体系进行了修改（图 1）。

图 1　土地整治标准调研座谈

（4）基于系统工程理论和霍尔理论，分析了土地整治现有业务类型和功能需求，划分了土地整治专业门类和功能序列，并从标准的名称、层次、性质、级别、状态、适用范围和主要内容等方面，研究形成了土地整治技术标准体系。按照霍尔提出的三维知识结构，采用逻辑维、知识维、条件维的基本组织方式，构建了土地整治技术标准体系三维结构图。同时，按照“十三五”期间（2016—2020 年）土地整治重点工作，共提出土地整治技术标准 88 项。按照标准的制修订状态划分，已颁布国家标准 5 项、行业标准 33 项（含 9 项技术文件），完成送审、报批的标准 3 项，正在编制的标准 14 项，计划研制的标准 23 项（不含 7 项对已发布标准的修订），其他 10 项地方标准由地方承担。

（5）基于土地整治技术标准体系研究成果，编制了“十三五”土地整治标准发展规划。总结了“十二五”期间土地整治标准化工作的成就，分析了土地整治发展趋势和标准化需求，制定了“十三五”期间土地整治重点任务和保障措施。总体指导思想是：以土地整治项目实施和耕地保护利用为重点，坚持与相关专业标准的协调性、实用性和专业性等原则，以制度建设为引领，以土地整治技术标准体系为依托，针对土地整治业务需求，集中攻克一批土地整治关键工程技术，初步建立具有中国特色的土地整治标准化工作体系，打造一支素质高、业务精的土地整治标准化专业队伍，形成“业务—技术—标准—平台—人才”五位一体的工作格局。规划提出，“十三五”

期间重点开展的研究内容包括高标准基本农田建设关键技术、土地复垦与生态修复技术、农用地质量等级评价与监测监管技术、土地整治生态化建设与保护技术、土地整治装备研制与信息化等。

三、创新要点

1. 确立了土地整治技术标准体系编制原则

（1）对象清晰原则。标准化对象要稳定、清晰、明确。

（2）协调性原则。吸收现有行业标准体系的成熟经验，并与相关行业及行业内的技术标准进行协调；同时根据当前土地整治工作现状，将现有业务和标准化实现最大程度的结合。

（3）开放性原则。充分考虑标准的自愿性、市场主导性、企业主体性、贸易便利性等特征，充分吸收地方标准化工作经验，将成熟的地方标准及时转换为行业标准。

（4）简化原则。满足一定时期、某一事项的一致性要求，标准体系的内容应尽量简化，使标准化功能的整体效率最高。

（5）科技进步和学科发展原则。标准体系要立足于学科发展的需要，并结合重大科研专项，及时将研究成果转化为标准。

（6）突出技术兼顾管理原则。标准体系构建既要尊重技术规律，体现“技术”核心，也要将实际工作中涉及管理和工作的“技术内容”纳入体系中。

2. 构建了土地整治技术标准体系框图

标准体系的结构是指标准放置的方式，可以表达标准之间的隶属关系、路径关系和执行关系。标准体系框图可以表示为二维结构图或三维结构图。根据系统工程理论，运用霍尔三维结构方法体系，将逻辑维、知识维、条件维进行框架解构，将土地整治工作分解为专业门类、专业序列和条件，并对土地整治专业门类和序列进行细分，从而构建出土地整治技术标准体系的三维结构图（图2）。两个平面维度分别为专业门类和功能序列，竖向为标准的层次、级别或性质，表述为层次。

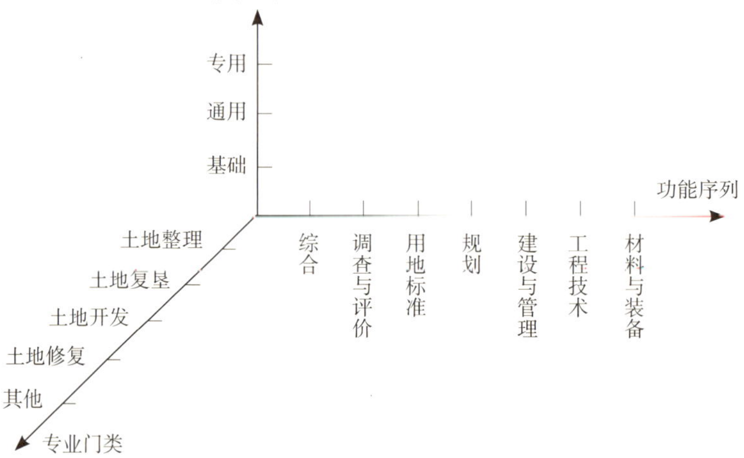

图2　土地整治技术标准体系三维框图

3. 建立了涵盖工程技术的土地整治专业门类

专业门类，即工作对象。按照专业（或学科）之间的内在联系，对一项专业活动进行划分，形成上下联系的专业分类或层次。本研究基于土地整治内涵和业务特点，提出土地整治专业门类，即专业对象。土地整治技术标准体系中的专业门类，主要按照整治对象、整治后土地用途的不同进行划分，区别在工程技术的差异上。将土地整治专业门类划分为两级，一级分为土地整理、土地复垦、土地开发、土地修复和其他。需要说明的是，土地整理是对农用地和建设用地内部结构形态的调整，但不改变原土地用途；土地开发改变了原土地用途，包括未利用地开发和建设用地开发；土地复垦是将生产建设活动和自然灾害毁损的土地恢复到可利用的状态；土地修复是对污染、退化的土地进行治理，使其恢复到可利用的状态（图 3）。

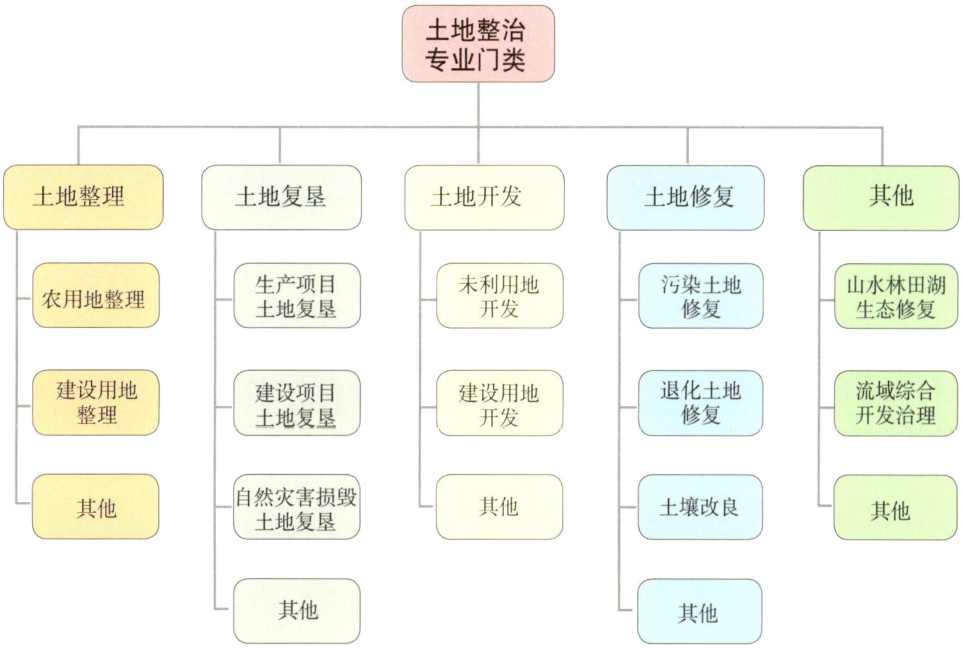

图 3　土地整治专业门类

4. 建立了涵盖土地整治全业务流程的土地整治功能序列

功能序列，即工作内容。按照专业活动所依附的技术特征，对该专业活动过程进行分解，形成独立的技术流程和方法。将土地整治功能序列划分为两级，一级分为综合、调查与评价、用地标准、规划、建设与管理、工程技术、材料与装备。土地整治技术标准体系中的功能序列，全面反映了土地整治各专业活动中的技术规律，体现了该专业活动不同于其他专业的技术特点和技术方法。专业活动之间相互关联，但又各自独立。其中，在参考基本建设程序和土地整治项目工作流程的基础上，将“建设与管理”划分为工程建设标准、实施管理、可行性研究、勘测设计、工程造价、招投标、施工、监理、验收等序列；将“工程技术”划分为耕地开发工程技术、土地复垦工程技术、土地修复工程技术、地表重塑工程技术、灌溉排水工程技术、田间道路工程技术、农田防护工程技术、生态化工程技术等序列，体现了土地整治工程化、生态化的需求（图4）。

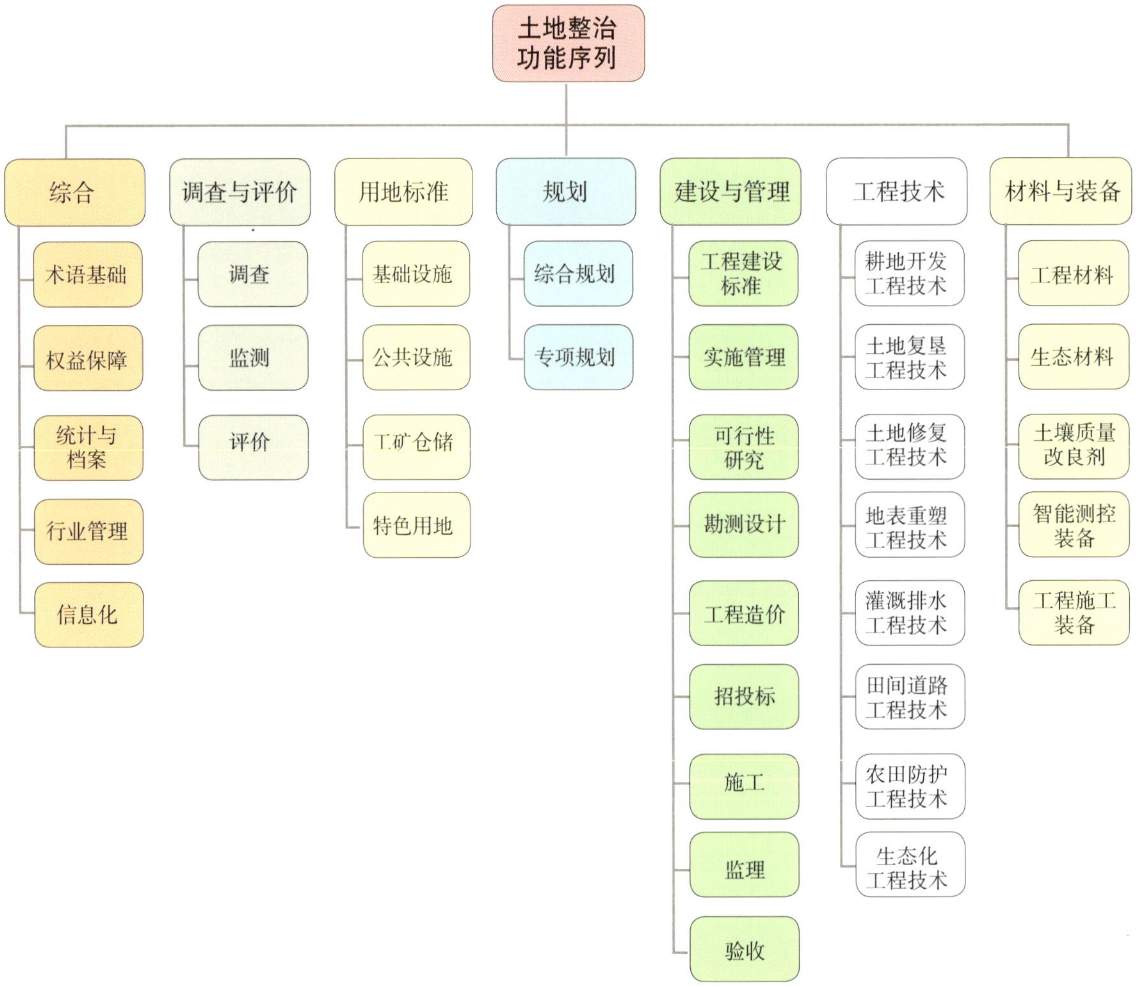

图4　土地整治功能序列

四、成果应用

在《土地整治技术标准体系》提出的88项标准中，已颁布国家标准5项、行业标准33项（含9项技术文件），完成送审标准3项，正在编制标准14项，列入年度计划项目的标准23项；其他标准多被列入《2016年度国土资源标准体系》，同时指导各地开展土地整治技术地方标准的研制。

五、主要效益

通过技术标准指导和规范土地整治活动具有明显的社会效益和经济效益，符合当前国家行政体系改革的发展要求。通过技术标准，规范每年投资1500亿元土地整治项目实施，规范1亿亩高标准农田建设。同时，通过土地整治技术标准体系研制，初次划分了土地整治专业门类和功能序列，并通过规划、调查评价、建设与管理、工程技术、材料与装备等技术措施，实现了土地产品的最优和价值最大化。